Doris Iding
Unter Mitarbeit von Dr. Birgit Petrick

Für mehr Lebensenergie
Bewusstes Atmen

Mit gezielten Atemübungen Körper und Psyche harmonisieren, Energien
und Selbstheilungskräfte wecken und Stress abbauen

SÜDWEST

Inhalt

Mandalas spielen in der östlichen Philosophie zur Übung der Achtsamkeit eine wichtige Rolle.

4 Atmen lernen

Atmen ist eine Kunst, die wir im Lauf unseres Lebens wieder neu erlernen müssen.

6 Philosophie des Atems

Viele Kulturen haben die Bedeutung des Atems als Sinnbild der Lebensenergie erkannt.

12 Der Atemapparat

Der wichtigste Atemmuskel ist das Zwerchfell.

28 Die Indianer und der Atem

In der indianischen Kultur wird der Atem auch als große Seele bezeichnet.

38 Der Atem im Yoga

Körperbeherrschung und behutsame Atemkontrolle bilden das Herz der Yogaübungen.

Die Schulterbrücke ist eine Übung aus dem Yoga; sie dient der Sammlung und Konzentration.

Der tanzende Shiva symbolisiert Meditation und die gleichzeitige Verwurzelung im Hier und Jetzt.

Die Katze – ebenfalls eine Yogaübung – wirkt sich besonders positiv auf die Wirbelsäule aus.

Atmen lernen

Als ich das erste Mal mit Atemarbeit in Kontakt kam, hatte ich das Gefühl, als würde sich mir eine andere, bisher unbekannte Welt auftun. Ich drang in mir wenig bekannte Tiefen meines Selbst vor und kam mit unbekannten Höhen des Universums in Kontakt.

Obwohl ich von dem Moment an, als ich auf diese Welt kam, geatmet hatte, schien ich während der Atemsitzungen überhaupt zum ersten Mal die Kraft des Atems zu spüren und dabei gleichzeitig zu realisieren, wie eng die Verbindung zwischen Atem, Körper, Seele und Geist ist. Zum ersten Mal wurde mir klar, wie nahe ich unbewussten Aspekten meines Selbst durch einige tiefe und bewusste Atemzüge kommen konnte. Physische Blockaden wurden spürbarer als bisher, und psychische Knoten begannen, sich zu lösen.

Durch die Arbeit mit dem Atem sind mir andere Menschen begegnet, die auch verlernt hatten, bewusst zu atmen und sich die Kraft des Atems zunutze zu machen. Das Phänomen, den Atem nicht bewusst wahrzunehmen, ist besonders häufig bei Menschen aus westlichen Industrieländern anzutreffen. Sie haben die Kunst des Atmens verlernt, der Atem bleibt unbeachtet.

> Natürlich Atem zu schöpfen, ist eine Kunst, die jeder Mensch erst wieder neu erlernen muss – dann jedoch führt sie ihn zu Wohlbefinden und mehr Lebensfreude.

Die Kraft des Atems nutzen

In den östlichen Weisheitslehren und Gesundheitssystemen wird dem Atem und dem Aspekt der Atembeobachtung und Regulierung von jeher viel mehr Aufmerksamkeit geschenkt als in der westlichen Welt, sei es in der Meditationspraxis oder bei gezielten Atemübungen. Die Schulen des Tai Chi, Yoga und Hui Chun Gong legen großen Wert auf natürlichen und bewussten Atem. Sie nutzen ebenso wie moderne westliche Körpertherapeuten die Kraft des Atems sowohl zur spirituellen Reinigung als auch zur Heilung von körperlichen Krankheiten und zur Förderung von Konzentration und gesteigerter Lebensenergie.

Der Atem vereint Körper und Seele

Viele Menschen glauben, dass nur ausgefallene Atemübungen interessant sind und uns in Kontakt mit uns selbst bringen. Wichtig ist jedoch, zu dem natürlichen Atem, mit dem wir auf die Welt gekommen sind, zurückzukehren. Er ist fließend und bringt uns ohne große Anstrengung mit uns selbst in Kontakt. Je achtsamer wir mit unserer Atmung umgehen, desto feinfühliger werden wir für unseren Körper, unsere Energien und unsere Umwelt. Es bedarf häufig nur einer bewussten Sammlung und einiger tiefer Atemzüge, um uns wieder in unsere eigene Mitte zu bringen.

Aus diesem Grund beinhaltet dieser Ratgeber keine hochkomplizierten und exotischen Übungen, sondern er will Menschen, die sich selbst und ihrem Körper näher kommen wollen, einige grundlegende Übungen aus verschiedenen Kulturen vorstellen.

Natürlich ersetzt dieses Buch keinen erfahrenen Atemlehrer. Dies ist auch nicht die Absicht. Lassen Sie sich anspornen, tief Luft zu holen, um mit Freude auf die Reise zu sich selbst und zu Ihrem Körper zu gehen.

Doris Iding

Bei Tieren kann man beobachten, was dem Menschen verloren gegangen ist: Der natürliche Atem fließt rhythmisch ruhig durch den ganzen Körper.

So wie dieses Gewässer ist auch unser Atem in ständigem Fluss. Es bedarf jedoch einiger Übung, ihn wieder ungehindert fließen zu lassen und ihn auf diese Weise wahrzunehmen.

Philosophie des Atems

Das Prinzip von Ursache und Wirkung – ein Tropfen zieht seine Kreise im Wasser – trifft auch auf unseren Atem zu.

Verbindung mit dem Großen Ganzen

Es gibt wohl nichts, was uns mehr mit dem Leben verbindet als unser Atem. Er ist unser treuester Begleiter – vom ersten bis zum letzten Augenblick unseres Lebens. Mal atmen wir bewusst, mal unbewusst, in manchen Situationen schneller, in anderen langsamer. In dem Moment, in dem wir zur Welt kommen und uns von der physischen Verbindung zu unserer Mutter lösen, beginnen wir das eigenständige Leben mit einem Atemzug. In dem Moment, in dem wir sterben und unseren Körper verlassen, tun wir einen letzten Atemzug.

Wir können tagelang, ja sogar wochenlang ohne feste Nahrung auskommen, und auch ohne Flüssigkeit können wir eine Zeit lang überleben. Wenn der Mensch jedoch nicht mehr atmet und sein Gehirn nicht mehr mit frischem Sauerstoff versorgt wird, stirbt er nach etwa 5 bis 15 Minuten. Bereits wenige Minuten ohne Sauerstoff können zu schweren Hirnschäden führen.

Zwischen Ein-Atem und Aus-Atem liegt die Möglichkeit der Zukunft. (Reshad Field)

> *Dreifach ist der Rhythmus des Lebens:*
> *Nehmend – gebend – selbstversunken.*
> *Einatmend nehm' ich die Welt in mir auf.*
> *Ausatmend gebe der Welt ich mich hin.*
> *Leergeworden leb' ich mich selbst –*
> *Lebe entselbstet und öffne mich neu:*
> *Einatmend nehm' ich die Welt in mir auf.*
> *Ausatmend gebe der Welt ich mich hin.*
> *Entleert erleb' ich die Fülle,*
> *entformt erfüll ich die Form.*
>
> Lama Govinda

Elixier des Lebens

Atem bedeutet Leben. Tief einzuatmen heißt, das Leben ganz in sich aufzunehmen, sich dem Leben mit all seinen Herausforderungen zu stellen. Mit jeder Einatmung füllen sich die Zellen mit frischem Sauerstoff und frischem Lebenselixier. Atmen bedeutet, »Ja« zum Leben und zu sich selbst zu sagen; es bedeutet, bereit zu sein, Verantwortung für sich und das Leben zu übernehmen.

Der Atem ist das, was uns am direktesten mit unserer Umwelt verbindet. Es ist nicht nur die gleiche Luft, die andere Menschen und Tiere atmen, wir nehmen gleichzeitig die Schwingungen und Energien auf, die sich in unserer direkten Umgebung befinden.

Meist ist es uns jedoch gar nicht bewusst, dass wir durch unseren Atem eine Verbindung der inneren mit der äußeren Welt herstellen. Indem wir Sauerstoff in uns aufnehmen, kommen wir mit den gleichen Atomen in Kontakt, die vor uns schon Buddha, Christus, indianische Medizinmänner, indische Weise und unzählige andere Menschen in sich aufgenommen und wieder an den Kosmos zurückgegeben haben.

Brücke zum Kosmos

Genau diese kosmische Verbindung zwischen allen Wesen ist es, die z. B. in der indianischen Kultur so lebendig ist. Durch den Atem realisieren die Indianer immer wieder aufs Neue, dass der Mensch mit allen Menschen, Tieren, Pflanzen und dem gesamten Kosmos in einer permanenten Wechselbeziehung steht.

Eine zentrale Stellung nehmen dabei die Pflanzen ein. Viele Naturvölker wissen dies und sind sich bewusst, dass wir ohne diese grünen Geschenke der Schöpfung nicht lebensfähig sind. Ob groß oder klein, ob als kleiner Strauch oder als großer Baum – Pflanzen nehmen unseren verbrauchten Sauerstoff auf und wandeln unseren »Abfall« um. Sie schenken uns sauberen, frischen Sauerstoff, der unser Weiterleben ermöglicht. Darum ist es Menschen, die im engen Verbund mit der Natur leben, ein Rätsel, mit wel-

Der Atem bewegt uns in unaufhörlich fließend-rhythmischer Bewegung, ähnlich dem ewigen Kommen und Gehen der Wellen des Meeres. Atem ist Urrhythmus, unmittelbares Leben, ist Bewegung im Universum, wie auch im »Kosmos Mensch«.

cher Gleichgültigkeit Pflanzen und Bäume vernichtet werden, welchen Raubbau Menschen aus den Industrieländern mit der Natur und insbesondere mit den Regenwäldern betreiben.

Spiegel der Seele

Der Atem stellt aber nicht nur die Verbindung zwischen Mensch und Kosmos dar; er dient auch als Spiegel unserer Stimmungen und Gefühle. Mit Redewendungen wie »mir stockt der Atem« oder »atemberaubend« verleihen wir diesem Phänomen sprachlichen Ausdruck.

Die Wechselwirkung zwischen Atmung und Emotionen lässt sich unschwer erkennen. Zorn und Wut z. B. gehen mit flachem Einatem und heftigem Ausatem sowie mit Verspannungen im gesamten Körper einher, besonders im Bereich von Brust, Händen, Nacken und Kiefer. Sind wir von Furcht ergriffen, wird der Atem flach, rasch und unregelmäßig, vielleicht spüren wir dabei auch einen Knoten im Unterbauch. Wenn wir uns Sorgen machen, ist die Atmung oberflächlich, im Bauch ist eine gewisse Leere zu spüren. Ungeduld kann sich durch kurzen, stoßartigen und unkoordinierten Atem äußern, begleitet von einem Spannungsgefühl im Brustkorb. Wer von Schuld- und Schamgefühlen geplagt wird, wird vermutlich mit schwerem Atem zu kämpfen haben und das Gefühl einer zugeschnürten Kehle verspüren.

Atem und Stimme als »Emotionsbarometer«

Diese Einschränkungen des Atems, begleitet von körperlichen Spannungszuständen, sind uns in der Regel nicht bewusst. Und es kann auch sein, dass wir sie – bewusst oder unbewusst – zu verbergen suchen. Unsere Stimme jedoch wird uns »verraten«. In ihr zeigen sich die Folgen einer gestörten Atmung. Ebenso wird man an der Stimme erkennen, wenn wir von Liebe, Freude und Mitgefühl erfüllt sind; dann wird der Atem unverkrampft, tief und frei sein, und das Gefühl von Energie, Verbundenheit und Aufgeschlossenheit begleitet uns.

> Schon ein Gedanke oder eine Vorstellung sowie Gefühle wie Glück, Freude, Trauer, Geborgenheit oder Einsamkeit, aber auch unsere geistige Verfassung beeinflussen unseren Atem.

Lehrer vieler Traditionen

Die Weisen, Mystiker und spirituellen Lehrer aller Traditionen haben früh erkannt, dass der Atem uns nicht nur als Spiegel unserer Emotionen dienen kann, sondern dass er uns auch dabei helfen kann, angestaute Emotionen freizusetzen und Blockaden zu lösen.

Der Atem kann uns von physischen und psychischen Schmerzen befreien und uns sogar in andere Bewusstseinsebenen befördern. Dieses uralte Wissen fließt auch in die modernen Atemtherapien ein.

In allen Bewusstseins- und Heilschulen alter Traditionen wird dem Atem besondere Aufmerksamkeit geschenkt. In buddhistischen Schriften wird übermittelt, dass Buddha seine Schüler gelehrt hat, die Achtsamkeit durch bewusste Atemübungen zu schulen.

So du zerstreut bist, lerne auf den Atem achten.
(Buddha)

Verwurzelung im Hier und Jetzt

Einer der bekanntesten buddhistischen Zen-Lehrer der Gegenwart, Thich Nhat Hanh, weist immer wieder darauf hin, dass man mit Atemübungen die Achtsamkeit schulen und aufrechterhalten kann. Er sieht im Atem die Brücke zwischen Körper und Geist. Bei seiner Arbeit mit dem Atem stützt Thich Nhat Hanh sich auf die Sutren des Buddha, der schon vor 2500 Jahren die Bedeutung des bewussten Atmens erkannte. Buddha lehrte, dass der Atem dazu dienen kann, zu erhöhter Konzentration zu gelangen.

Die einfache und doch so schwer zu befolgende Empfehlung von Thich Nhat Hanh lautet: »Sei immer achtsam, wenn du einatmest, und achtsam, wenn du ausatmest. Wenn du tief einatmest, wisse: Ich atme tief ein. Wenn du kurz einatmest, wisse: Ich atme kurz ein, und wenn du kurz ausatmest, wisse: Ich atme kurz aus.«

Auch in anderen östlichen Übungswegen wie z. B. dem bei uns populären Yoga gibt es zahlreiche Übungen, die dem Menschen helfen, Bewusstsein und Körper besser wahrzunehmen, also mehr bei sich und nicht außer sich zu sein. Durch regelmäßiges Üben von Pranayama – Atemübungen aus dem Yoga – können unbewusste Atemmuster erkannt und verändert sowie Blockaden gelöst werden.

»Achtsamkeit« bedeutet im Zen-Buddhismus die Aufmerksamkeit, die der Mensch in jedem Augenblick seinem gesamten Tun und Denken, den Gegenständen, die ihn umgeben, und der Verbindung mit allen anderen Lebewesen entgegenbringen sollte.

So kann man aus den unterschiedlichsten Traditionen und Schulen und von alten spirituellen Meistern von der Heilkraft des Atems lernen: Im Einatem sehen sie die Möglichkeit, sich Neuem zu öffnen, sich auszuweiten und mutig das Leben zu wagen – Leben, das Klarheit für den Geist und Reinheit für den Körper bedeutet. Im Ausatmen hingegen findet ein Lösungsprozess von Ängsten, alten Erfahrungen und Schlacken physischer und psychischer Natur statt.

Je bewusster wir ein- und ausatmen, desto tiefer wird unsere Erfahrung vom Hier und Jetzt sein.

Atem und Lebensenergie

Wenn wir den Atemvorgang rein physiologisch betrachten, handelt es sich primär um einen Austausch von zwei Gasen, nämlich Sauerstoff und Kohlendioxid. Aber noch etwas anderes ist beteiligt, etwas, das wir als Lebensenergie umschreiben. Die Inder nennen es Prana, die Chinesen Qi, die Japaner Ki und die Indianer Nordamerikas Wakan Tanka.

Diese Lebensenergie ist die Quelle allen Lebens in uns und um uns herum. Alles was wir denken, tun und fühlen, alle körperlichen, seelischen und geistigen Äußerungen und Funktionen sind Ausdruck eben dieser Lebensenergie. Ebenso wie der ungestört fließende Atem Ausdruck der strömenden Lebensenergie ist, so ist der gestörte, flache Atem Ausdruck einer Disharmonie. Er zeigt uns, dass wir nicht im Einklang, im Fluss mit dem Leben sind.

»Wenn es uns gelingt,
Atem und Bewusstsein zu verbinden,
sind wir mit der Lebensenergie verbunden.«

Der Atem ist der Atem der Gnade Gottes,
und dieser Atem ist es,
der die Seele zum Leben erweckt.

Solange die Seele nicht von Bewusstsein belebt ist,
gleicht sie dem Vogel, der noch nicht flügge ist.

Sufi-Weisheit

Übungen an und mit dem Atem sind Reinigungsprozesse auf der seelischen und der körperlichen Ebene. Sie können uns helfen, einen Schritt weiter auf dem Weg inneren Wachstums und gleichzeitig auf dem Weg des Herzens zu gehen, auf dem Weg zu psychischer und physischer Gesundung. Dadurch kommen wir nicht nur uns selbst näher; wir erkennen auch die Verbundenheit mit allen anderen Wesen, Menschen, Pflanzen und Tieren. Es entsteht Raum für die Erkenntnis, dass wir mehr sind als nur ein begrenzter physischer Körper.

Dabei geht es nicht darum, komplizierte Atemtechniken zu vermitteln. Es soll »lediglich« eine Verbindung zum natürlichen Atem hergestellt werden, der uns gegeben wird, wenn wir das Licht der Welt erblicken und nach dem Austritt aus dem Mutterleib unseren ersten eigenen Atemzug tun. Was nützt die Beherrschung vieler exotischer und komplizierter Atemtechniken, wenn wir zwar ihren Ablauf beherrschen, aber nicht in der Lage sind, sie von unserem Herzen aus zu vollziehen?

Sich selbst kennen lernen

Lassen Sie sich deshalb wirklich auf diese Übungen ein, um die tiefer liegende und wesentliche Verbindung zwischen Körper und Geist zu erfahren. Eine oberflächliche Atmung und oberflächliche Erfahrungen gehen Hand in Hand. Folgen Sie dem Leitsatz der Zen-Meister, die sagen, dass es nicht darauf ankommt, was man tut, sondern wie man es vollbringt.

Es ist außerdem ratsam, einen ausgebildeten Atemtherapeuten bzw. andere Atem-(z. B. Yoga-)Lehrer aufzusuchen und unter ihrer Anleitung zu üben. Dieses Buch soll einen Grundstein für den Kontakt mit dem eigenen Atem legen. Unbewusste Einstellungen können erfahren, Körperräume erspürt und Blockaden erkannt werden.

Seelische sowie körperliche Verletzungen, die wir in frühen Kindesjahren erlebt haben, führen zu unbewussten Verhärtungen, die wir wie einen Panzer um uns herum aufbauen. Dieser Panzer gibt uns zwar Schutz, er trennt uns aber auch von anderen Menschen. Dadurch schneiden wir uns auch von Facetten unseres Selbst ab, die zu uns gehören und uns als Ganzes ausmachen.

Atemübungen bieten die Möglichkeit zur Konzentration und Selbstfindung. Machen Sie sie deshalb immer mit Geduld und Sorgsamkeit, und lauschen Sie auf die Antwort Ihres Körpers.

Der Atemapparat

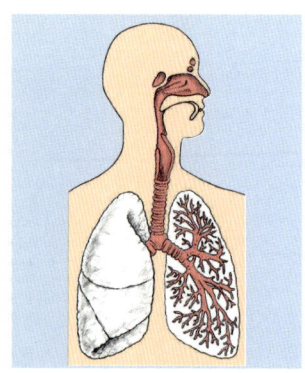

Über die Nasen- und Mundatmung erreicht frischer Sauerstoff die Lungenflügel und die weit verzweigten Lungenbläschen.

Um zu verstehen, warum es so wichtig für uns und unseren Körper ist, bewusster zu atmen, benötigen wir Informationen darüber, in welchen Bereichen unseres Körpers der Atem von besonders großer Bedeutung ist und wie der Atemapparat funktioniert.

Der Atem übt – wie bereits erwähnt – nicht nur auf der psychischen, sondern auch auf der physischen Ebene eine reinigende Funktion aus. Anhand der Tatsache, dass etwa 70 Prozent der Abfallstoffe, die beim Stoffwechsel anfallen, über den Atem ausgeschieden werden, wird deutlich, wie wichtig der Atem auf der körperlichen Ebene ist; daneben werden etwa 20 Prozent der Abfallstoffe über die Haut abtransportiert, und nur ca. zehn Prozent verlassen den Körper über Urin und Stuhlgang.

Sauerstoffmangel vorbeugen

Neben seiner reinigenden Funktion ist der Atem für den Menschen aber auch lebensnotwendig. Am wichtigsten ist dabei die Bedeutung des Atems für das Gehirn. Wie bereits erwähnt, können schon einige Minuten ohne Sauerstoff zu irreparablen Schäden im Gehirn führen. Da Gehirnzellen eine vergleichsweise hohe Stoffwechselrate haben, brauchen sie auch mehr Sauerstoff als andere Organe.

Durch die Atmung nimmt der Mensch Sauerstoff auf und gibt Kohlendioxid ab. Als Vermittler des Gasaustauschs dient das Blut.

Verständlich wird dadurch auch, wie wichtig frische Luft ist, wenn wir lernen oder arbeiten. Diese Erfahrung haben wir alle schon oft gemacht: Schlechte Luft in einem Klassenzimmer, einem Vorlesungssaal oder in einem Konferenzraum lässt die Konzentration drastisch absinken. Gerade in Räumen, in denen geistig gearbeitet wird und in denen dazu noch viele Menschen versammelt sind, sollte also immer wieder für frische Luft gesorgt werden.

Aber auch wenn wir uns ausruhen oder wenn wir schlafen, brauchen wir frische Luft, damit sich die Zellen regenerieren können. Darum ist es empfehlenswert, bei offenem Fenster zu schlafen.

> *Im Atemholen sind zweierlei Gnaden:*
> *die Luft einziehen,*
> *sich ihrer entladen.*
> *Jenes bedrängt, dieses erfrischt,*
> *so wunderbar ist das Leben gemischt.*
> *Du danke Gott, wenn er dich presst,*
> *und dank' ihm,*
> *wenn er dich wieder entlässt.*
>
> J.W. v. Goethe

Durch Atmen Stress abbauen

Auch in Stresssituationen ist es von Vorteil, immer wieder tief Luft zu holen, um dem Gehirn frischen Sauerstoff zuzuführen. Dies ist die schnellste und effektivste Art, Stress abzubauen. Wir tun das manchmal ganz instinktiv, indem wir bei Belastungen tief seufzen. Auch das Gähnen sorgt für vermehrte Sauerstoffzufuhr. Unterdrücken Sie also den Impuls zum Gähnen nicht, denn es ist die tiefste Form des Atmens.

Durch tiefes und bewusstes Atmen wird die Sauerstoffzufuhr erhöht, und es kommt zu einer erhöhten Ausscheidung von Abfall- und Schadstoffen, die sich im Körper angesammelt haben.

Das Atemzentrum

Die Atmung wird überwiegend vom Atemzentrum des vegetativen Nervensystems geregelt, das alle unbewussten Körpervorgänge wie z. B. den Herzschlag, die Verdauung und eben auch die Atmung steuert. Das Atemzentrum liegt im verlängerten Rückenmark, dem Hirnstamm, und besteht aus vielen einzelnen Nervenzellen. Werden diese Zellen erregt, zieht sich die Atemmuskulatur abwechselnd zusammen und entspannt sich wieder. Der Atemapparat ist mit den meisten sensorischen Nerven des Körpers verbunden. Dies bedeutet, dass sich jeder chronische oder plötzlich ausgelöste Reiz auf die Atmung auswirken kann. So ist auch in

Bewusstes Atmen hilft, sich in akuten Stress-situationen aus den unaufhörlich kreisenden Gedanken, Gefühlszwängen oder Spannungs-zuständen in Kopf- und Brustraum zu befreien und so schnell wie möglich wieder »zu sich zu kommen«, um Ruhe und Sicherheit wiederzu-finden.

Situationen, in denen wir uns unserer Atmung nicht bewusst sind, wie beispielsweise im Schlaf, bei Stress und sogar unter Narkose immer für eine ausreichende Sauerstoffzufuhr gesorgt.

Ein Erwachsener atmet 12- bis 16-mal in der Minute. Im Schlaf reduziert sich die Atmung auf sechs- bis achtmal. In extremen Stresssituationen kann sich die Atemfrequenz bis auf 100-mal pro Minute erhöhen. Menschen, die sich z. B. durch Meditation bewusst und intensiv mit dem Atem beschäftigen, können ihn auf vier- bis achtmal pro Minute reduzieren.

Je natürlicher wir unseren Atem fließen lassen können, desto wohler werden wir uns fühlen.

Achten Sie auf Ihren Atem

Um sich selbst besser kennen zu lernen, ist es sinnvoll, sich ganz bewusst mit dem eigenen Atem zu beschäftigen. Grundsätzlich sollten Sie sich folgende Fragen stellen:

- Wie atme ich?
- Atme ich unruhig?
- Atme ich flach?

Erinnern Sie sich deshalb so häufig wie möglich an Ihren Atem. Anfangs ist es hilfreich, sich kleine Zettel an die verschiedensten Plätze in der Wohnung oder am Arbeitsplatz zu hängen, z. B. mit der Frage: »Wie atme ich gerade?« So werden Sie im Lauf der Zeit Ihre Atmung intensivieren und gleichzeitig bewusster mit sich und Ihrem Körper umgehen.

Bewusste Begegnung mit dem Atem

Sie liegen entspannt auf dem Rücken, eventuell mit einer gerollten Wolldecke unter den Knien und mit einem Kissen unter dem Kopf. Beobachten Sie Ihren Atem, wie er ganz von selbst kommt und geht. Lassen Sie sich Zeit dabei.

Wo spüren Sie die Bewegung des Einatems?
Wo spüren Sie die Bewegung des Ausatems?
Gibt es eine kleine Pause nach der Einatmung, nach der Ausatmung oder nach beidem?

Atemmechanik

Es gibt zwei Arten des Ein- und Ausatmens: durch die Nase und durch den Mund. Gewöhnlicherweise atmet der Mensch durch die Nase. Dies ist die langsamere, aber auch die weitaus ruhigere und gesündere Art des Einatmens. Ihr Vorteil liegt darin, dass die Luft durch die Schleimhäute der Nase gereinigt, erwärmt und befeuchtet wird. Denn bei der Nasenatmung werden grobe Schmutzpartikel durch die Flimmerhärchen, die auf der Nasenschleimhaut liegen, gefiltert und gelangen nicht in den Körper. Zwar dauert es bei diesem Vorgang länger, bis die Luft die Lunge erreicht, die Luft ist jedoch sauberer, und vor allem wird das Zwerchfell, unser wichtigster Atemmuskel, dadurch mehr aktiviert, als dies bei der Atmung durch den Mund der Fall ist.

Nasen- und Mundatmung

Übung

Setzen Sie sich aufrecht hin. Machen Sie einige bewusste Atemzüge erst durch die Nase, dann durch den Mund. Beobachten Sie die Bewegungen im Bauchraum. Bei welcher Atmung spüren Sie dort mehr Bewegung? Durch den Mund atmen wir in Situationen, in denen mehr Sauerstoff benötigt wird, also z. B. beim Sport oder beim Singen. Aber auch bei seelischer Anspannung kann es zu einer Mundatmung kommen. Atmet ein Mensch jedoch primär durch den Mund ein und aus, liegt wahrscheinlich eine Erkrankung der Atemwege vor, z. B. Schnupfen oder eine chronische Verengung der Nasenscheidewand.

Jedes Mal, wenn wir Luft holen, atmen wir etwa einen halben Liter Luft ein. Diese gelangt entweder durch den Mund oder die Nase über den Rachen in die Luftröhre, die sich in die beiden Hauptbronchien teilt, die wiederum die beiden Lungenflügel versorgen. In der Lunge verzweigen sich die Bronchien. Sie werden zu immer kleiner werdenden Ästchen, den so genannten Bronchiolen, und dann am Ende zu den rund 400 Millionen Lungenbläschen oder Alveolen. In diesen Lungenbläschen findet der Austausch von Sauerstoff und Kohlendioxid statt.

Die Bronchien – die Aufzweigungen der Luftröhre – sind von einer Schleimhaut bedeckt und werden durch ein Sekret befeuchtet. Die Verengung oder Weitung der Bronchien erfolgt durch Muskeln, die wiederum durch Knorpel versteift sind.

Von dort aus kommt frischer Sauerstoff ins Blut. Die roten Blutkörperchen bringen ihn in alle Zellen des Körpers. Und im Inneren der Zellen kommt es zu einem Verbrennungsprozess, der unter dem Namen »Stoffwechsel« geläufig ist. Dabei wird Nahrung in Energie umgewandelt. Und so wie ein Feuer Sauerstoff braucht, um nicht zu ersticken, brauchen auch die Zellen frischen Sauerstoff, damit es zu einer Verbrennung kommen kann. Je mehr frischer Sauerstoff in die Zellen gelangt, desto besser funktioniert der Stoffwechsel. Im Anschluss daran wird Kohlensäure als Abfallprodukt zurück in die Lunge transportiert. Dort erfolgt ein weiterer Austauschprozess, wobei Kohlendioxid und Wasserstoff in Form von Ausatem den Körper verlassen.

Tägliche Atemübungen, möglichst im Freien oder vor einem geöffneten Fenster, sorgen für eine gute Durchlüftung auch der Lungenabschnitte, die bei normaler, flacher Atmung nicht beteiligt sind.

Tief und bewusst atmen

Ist die Atmung schnell und oberflächlich, nehmen wir wenig frischen Sauerstoff auf. Atmen wir hingegen ganz bewusst ein und aus, erhöht sich die Sauerstoffzufuhr, und alle Zellen des Körpers werden ausreichend versorgt. Auf diese Weise befinden sich weniger Schadstoffe in den Zellen, was gleichzeitig den Abtransport der Abfallstoffe erleichtert.

Beim Säugling geschieht noch, was der Mensch später verlernt: Der Ein- und Ausatem streckt die obere und die untere Wirbelsäule, bewegt also den ganzen Körper.

Der Geist und richtiger Atem

Wenn im Folgenden immer wieder die Rede ist vom richtigen Atem, so ist damit ein Atem gemeint, der (durch Übung) allmählich lang, fein und regelmäßig wird.

Durch richtigen Atem können sich psychische Veränderungen einstellen:
- Wir können mit schwierigen Situationen besser umgehen, ohne in Stress zu geraten.
- Wir können uns besser und länger konzentrieren, was zu größerer geistiger Klarheit führt.
- Wir werden weniger von Gefühlen und Stimmungen beherrscht.

Der Körper und richtiger Atem

Durch geübten, richtigen Atem können Sie aber auch Ihren Körper positiv beeinflussen:
- Der Körper wird mit ausreichend Sauerstoff versorgt; dadurch verbessert sich der Stoffwechsel.
- Stoffwechselreste, insbesondere das Abfallprodukt der Atmung, Kohlendioxid, werden besser ausgeschieden.
- Die Körperhaltung verbessert sich nachhaltig.

Bessere Körperhaltung

Richtiger Atem wirkt immer auf die Wirbelsäule, die ja unsere Aufrichtung ermöglicht, unsere Lebensachse ist, uns trägt. Haben Sie schon einmal einen schlafenden Säugling beobachtet? Bei einem schlafenden Baby ist der ganze Körper in sanfter Bewegung. Der Einatem richtet die obere Wirbelsäule auf, der Ausatem die untere. Mit jedem Atemzug bewegt sich also die Wirbelsäule. Leider verlernt sie diese Bewegung im Lauf unseres Lebens, da sich Skelett und Muskulatur allmählich verhärten. Die Arbeit am Atem und mit dem Atem lädt die Wirbelsäule immer wieder ein, die ursprüngliche Bewegung neu zu erlernen.

> Sich im Atem erfahren, lässt Gemüt und Geist zur Ruhe kommen, bedeutet Frieden finden in sich selbst. Es hat nichts zu tun mit denken müssen, aufpassen sollen, gutmachen wollen. Im Gegenteil: Dieser uns von der Natur gegebene Atem will fließen, uns »natürlich« durchströmen.

Kreislauf des Atems

Das Zwerchfell – der wichtigste Atemmuskel

Schon in der griechischen Philosophie, die das Zwerchfell als Sitz der Seele bezeichnet, wird die zentrale Bedeutung dieses Muskels erfasst. Der taoistische Meister Mantak Chia nennt es den spirituellen Muskel.

Das Zwerchfell ist eine kuppelförmige, große Muskelplatte, die nach oben gegen die Brusthöhle gerichtet und an den untersten drei Rippen des Rippenbogens angewachsen ist. Somit trennt sie den Brust- vom Bauchraum bzw. verbindet die beiden Räume.

Das Zwerchfell besitzt auch Öffnungen für den Durchtritt wichtiger Körpersysteme, wie z. B. der Speiseröhre oder der Hauptschlagader (Aorta), deren Funktion darin besteht, die Arterien aller Organe mit Blut aus dem Herz zu versorgen. Das Zwerchfell liegt auf der Leber, den Nieren und dem Magen auf, so dass diese – und indirekt auch alle anderen – Organe durch die Atembewegung sanft massiert werden.

Wenn es zu einem Funktionsausfall des Zwerchfells kommt, kann man zwar trotzdem atmen, aber es ist gerade die Kontraktion und das Entspannen dieses Muskels, was sich äußerst positiv auf unsere psychische und physische Gesundheit auswirkt.

Wenn Sie die Handrücken beider Hände auf den unteren Bereich Ihres Rückens legen, spüren Sie während des Ein- und Ausatems, wie sich im Wechsel von Weit- und Schmalwerden des Lungenraums diese Bewegung auf die benachbarten Körperbereiche überträgt.

Kontraktion und Dehnung

Richtige Atmung bewirkt, dass das Zwerchfell den Bauch dehnt und sich der untere Teil der Lunge mit Luft füllt. Die Zwischenrippenmuskeln, ebenfalls wichtig für die Atmung, weiten den Brustraum und füllen den mittleren Teil der Lungenflügel. Auch die Schlüsselbeine heben sich. Dadurch wird der obere Teil der Lunge mit Luft gefüllt.

Durch bewusste und vollständige Atmung kann das Zwerchfell seinen Bewegungsspielraum vergrößern und für eine bessere Durchblutung sämtlicher Bauchorgane sorgen. Da das Herz mit dem Zwerchfell verbunden ist, profitiert es ebenfalls davon, wenn das Zwerchfell durch eine tiefe Atmung beweglich bleibt.

Atmen wir aus, entspannt sich die beim Einatmen angespannte Zwischenrippenmuskulatur, und das Brustbein senkt sich zugleich nach unten. Das Zwerchfell wölbt sich dabei wieder nach oben. Zum Abschluss der Ausatmung wird die verbrauchte Luft durch die Luftröhre ausgeschieden, und die Lungenflügel ziehen sich wieder auf ihre ursprüngliche Größe zusammen.

Beim Atmen können also zwei Atemräume und damit auch zwei Atemformen unterschieden werden: Bauch und Brust. Bei der Bauchatmung ist überwiegend das Zwerchfell beteiligt, bei der Brustatmung vor allem die Zwischenrippenmuskulatur. Unser natürlicher Atem, den wir wieder neu lernen müssen, ist eine Kombination von beidem.

Die meisten Menschen – vor allem Frauen – atmen so, dass nur der obere Teil der Lungenflügel mit Luft gefüllt wird. Auf diese Weise nutzt man jedoch nur etwa ein Drittel der gegebenen Lungenkapazität aus. Dieses ungenutzte Potenzial kann dann sogar schädigend wirken: Es führt nämlich zu einer stärkeren Kreislaufbelastung. Damit verweigern wir unserem Körper nicht nur lebenswichtigen Sauerstoff, sondern verhindern gleichzeitig, dass Schadstoffe ausgeschieden werden.

Schlechte Atemgewohnheiten

Ebenso wie bewusster Atem eine heilende Wirkung hat, haben eine unbewusste Atmung und schlechte Atemgewohnheiten negative Auswirkungen auf unser physisches und psychisches Wohlbefinden.

Wie bereits erwähnt, wird bei einer oberflächlichen Atmung nicht die ganze Lungenkapazität ausgeschöpft. Damit kommt es zu einer unzureichenden Versorgung der gesamten Körperzellen mit dem lebensnotwendigen frischen Sauerstoff.

In Ruhe wird ca. 16-mal in der Minute eine Luftmenge von einem halben Liter hin- und herbewegt. Das sind acht Liter in der Minute. Bei körperlicher Leistung kann der Luftbedarf auf ungefähr bis zu 140 Liter steigen.

> *Vertraue Dir selbst*
> *Deine Wahrnehmung ist oft viel genauer,*
> *als Du bereit bist zu glauben.*
>
> Claudia Black

Eine ungenügende Versorgung des Körpers mit Sauerstoff kann zu Einschränkungen der Herzleistung führen. Die Funktionsfähigkeit der körpereigenen Abwehr wird vermindert und eine Bereitschaft zur Tumorbildung begünstigt.

Dies führt zwangsläufig zu einem Anstieg der Atemzüge, die wir machen müssen, um den Organismus mit einem Minimum an frischem Sauerstoff zu versorgen. Dabei wird unnötig viel Energie verbraucht.

Schadstoffe sammeln sich an

Durch eine oberflächliche, schlechte Atmung verlangsamt sich auch der venöse Blutstrom, dessen Aufgabe es ist, die verbrauchten und auf lange Sicht schädlichen Stoffwechselprodukte aus den Zellen zur Lunge zurückzutransportieren. Von der Lunge aus werden die Abfallprodukte des Stoffwechselvorgangs ausgeschieden, bevor sie sich als Schadstoffe im Körper festsetzen können. Ist die Atmung flach, verlangsamt sich dementsprechend auch der Stoffwechsel.

Zudem wird das Lymphsystem daran gehindert, Krankheitskeime und Viren abzufangen. Auch die Produktion von Verdauungssäften sowie die des Enzyms Pepsin wird reduziert. Das hat zur Folge, dass es schneller zu einer Ansammlung von Schadstoffen im gesamten Verdauungstrakt kommen kann – was oft die Ursache für eine schlechte und unregelmäßige Verdauung ist.

Das wichtigste Atemorgan des Menschen – das Zwerchfell – senkt sich beim Einatmen nach unten; dabei dehnt sich der Brustkorb. Beim Ausatmen hebt sich das Zwerchfell, der Brustkorb zieht sich wieder zusammen.

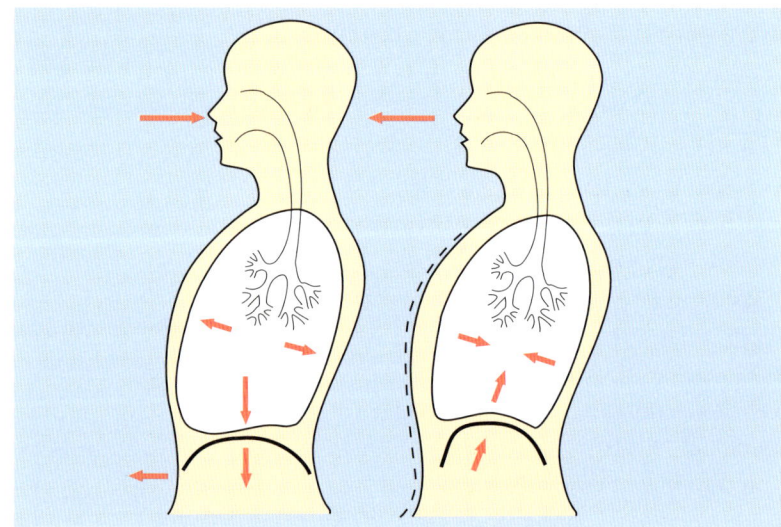

Langer Atem – langes Leben

Weitere Folgen einer oberflächlichen Atmung können sein:
- Die größeren Organsysteme werden in ihrer Funktion beeinträchtigt.
- Organsysteme können aus dem Gleichgewicht gebracht werden.
- Die Anfälligkeit für Beschwerden wie Infektionen, Geschwüre, Verdauungsprobleme, depressive Verstimmungen, Sexual- und Schlafstörungen, Kopfschmerzen und Kreislaufbeschwerden wird erhöht.

Im Yoga gibt es die Vorstellung, dass jedes Lebewesen eine begrenzte, vorbestimmte Zahl an Atemzügen zur Verfügung hat. Sind diese verbraucht, ist es Zeit zum Sterben. Langsamer Atem verlängert also das Leben – aber nicht nur die Lebenszeit, sondern auch die Lebensqualität.

Und nun zur Praxis, wie Sie Ihren Atem behutsam verändern können, um so zu mehr Bewusstheit, zu mehr Klarheit, Energie und Lebensfreude zu gelangen.

Grundsätzliche Hinweise

- Sorgen Sie für eine entspannte Atmosphäre. Wenn Sie die Übungen zu Hause machen, suchen Sie sich einen Raum, in dem Sie ungestört sind und nicht von der Familie oder dem Telefon abgelenkt werden. Der Raum sollte klar und sauber sein (ein Arbeitszimmer eignet sich nicht sonderlich für solche Zwecke). Eine Kerze oder eine Blume unterstützt eine entspannte Atmosphäre.
- Sorgen Sie dafür, dass Ihre Kleidung Sie nicht beengt. Also keine engen Rock- oder Hosenbünde, keine Gürtel.
- Gönnen Sie sich nach jeder Übung eine Pause, um die Nachwirkungen zu beobachten, vor allem die Nachwirkungen auf den Atem.
- Legen Sie sich einen Stift zurecht, weil es passieren kann, dass Ihnen während der Übungen Erkenntnisse bewusst werden. Diese wollen ins Leben gebracht und umgesetzt werden. Ein erster Schritt dazu erfolgt, wenn sie aufgeschrieben werden. Denn häufig vergessen wir diese Erkenntnisse in der alltäglichen Routine schnell. Durch wiederholtes Lesen können wir uns jedoch immer wieder an sie erinnern.

Reichert sich das Blut mit Milch-, Kohlensäure oder anderen sauren Stoffwechselprodukten an, spricht das Atemzentrum darauf an und beschleunigt oder vertieft die Atmung, wodurch dann Kohlensäure abgeatmet und Sauerstoff aufgenommen werden kann.

Zwerchfell und Bauchde-
cke sind Gegenspieler.
Hat der eine seine Kraft
verbraucht, ist der an-
dere angeregt zum Tun.
Bei diesem lebendigen
Zusammenwirken festigt
sich die Basis bis zur
Mitte, und der Innen-
raum bleibt elastisch und
beweglich.

Bevor Sie mit den Übungen beginnen, sollten Sie immer eine Übung tun, die Sie erdet und zentriert, die Sie auf weitere Übungen einstimmt und Sie darin unterstützt, im Hier und Jetzt anzukommen bzw. zu bleiben.

Erdungsübung

Stellen Sie sich aufrecht hin, die Füße sind dabei parallel und etwa hüft-breit auseinander. Nehmen Sie mit den Füßen bewusst Kontakt zum Boden auf, nach Möglichkeit mit geschlossenen Augen, oder richten Sie den Blick ins Leere.

Nehmen Sie wahr, wie Sie stehen. Liegt vielleicht mehr Gewicht auf dem linken oder dem rechten Fuß? Atmen Sie tief ein und aus, und stellen Sie sich dabei vor, wie Sie mit jedem Einatem Kraft aus der Erde ziehen und mit dem Ausatem Wurzeln von Ihren Füßen in den Boden wachsen.

Heben Sie nun mit dem Einatmen langsam den linken Arm über vorn nach oben. Ihre Aufmerksamkeit geht dabei ins rechte Bein hinunter bis in die rechte Fußsohle. Mit dem Ausatmen senken Sie nun den Arm wie-der über vorn. Dabei geht Ihre Aufmerksamkeit in beide Beine bis in die Füße. Wiederholen Sie dasselbe mit dem linken Arm. Am Ende jeder Ein-atmung sind Sie also gedanklich in der Diagonalen (links oben in Verbin-dung mit rechts unten, rechts oben mit links unten). Üben Sie so im Wechsel jede Seite 5-mal.

Am Ende beobachten Sie, ob sich etwas in Ihrem Stand verändert hat. Vielleicht fühlen Sie sich mehr im Gleichgewicht? Mehr mit dem Boden verbunden, verwurzelt?

> *Die Lunge ist für uns*
> *von größter Wichtigkeit.*
> *Wenn wir all die feinen*
> *Lungenbläschen aufschneiden*
> *und nebeneinander ausbreiten*
> *würden, ergäbe die Fläche*
> *die Größe*
> *eines mittleren Flugplatzes!*
>
> Marietta Till

Atmen mit dem ganzen Körper

Kontaktübung

Diese Übung eignet sich besonders dazu, Ihnen zu helfen, mit Ihrem Atem in Kontakt zu kommen. Sie werden allmählich wahrnehmen, wie der Atem Sie ganz erfüllt.

Sie liegen entspannt auf dem Rücken, vielleicht mit einem kleinen Kissen unter dem Kopf und mit einer zusammengerollten Wolldecke oder einer anderen Rolle unter den Knien, um den unteren Rücken zu entlasten.

Schauen Sie Ihrem Atem zu, wie er ganz von selbst kommt und geht. Wo spüren Sie die Bewegung des Atems? Im Brustkorb? Im Bauch? In den Schultern? Vielleicht auch in den Armen und Beinen? Lassen Sie sich Zeit bei dieser Beobachtung.

Stellen Sie sich nun vor, dass Sie durch den linken Arm atmen, so als würde der Impuls zum Atmen von dort kommen. Nach ein paar Atemzügen auf diese Weise vergleichen Sie die beiden Arme. Fühlen sie sich unterschiedlich an? Nun tun Sie das gleiche mit dem rechten Arm. Der Impuls zum Atmen kommt also von dort.

So üben Sie auch mit den beiden Beinen, erst das linke Bein, dann das rechte. Stellen Sie sich nun vor, dass Sie mit dem ganzen Körper, durch den ganzen Körper atmen, so als sei der Körper eine einzige große Lunge. Nach einer Weile lassen Sie auch diese Vorstellung los und bleiben entspannt liegen. Wie fühlen Sie sich?

Atem und Schmerz

In den folgenden Bewegungen mit dem Atem sind häufig die Arme beteiligt. Sollten Sie dabei Schmerzen in den Schultern verspüren, legen Sie sich Kissen aus, so dass Sie die Arme dort ablegen können. Denken Sie daran: Üben Sie so entspannt wie möglich. Üben Sie nicht mit Schmerzen, denn Schmerzen können den Atem blockieren.

Möglicherweise spüren Sie bei den (ungewohnten) Bewegungen ein leichtes Ziehen in den Muskeln. Lässt das Ziehen in der Entspannungsphase nach der Bewegung nicht nach, sollten Sie eine längere Pause machen.

Die Atemschulung, die zu körperlicher Entspannung führt und mit suggestiven Vorstellungen verbunden ist, hat einen Platz als psychotherapeutische Hilfsmethode errungen. Auf diese Weise kann es gelingen, zum natürlichen Empfinden zurückzukehren.

Aber auch und gerade bei Schmerzen ist der Atem ein treuer, heilender Begleiter: Stellen Sie sich vor, dass Sie in die schmerzende Stelle hineinatmen. Lassen Sie den Atem sich dort richtig ausbreiten. Jeder Einatem versorgt die kranke, schmerzende Stelle mit Lebensenergie, jeder Ausatem sorgt für Entspannung und Lösung.

Je mehr Sie sich zentrieren, dort unstörbar bleiben und sich dem Fließen Ihres Einatems hingeben können, desto befreiender spüren Sie, wie sich eine zarte, weitende Bewegung durch alle Gewebe hindurch fortsetzt bis in die Haut, bis in die Poren hinein.

Atmen mit den Armen

Übung

Sie liegen entspannt auf dem Rücken, die Beine sind angewinkelt, die Fußsohlen auf dem Boden aufgestellt. Beide Arme liegen locker und entspannt neben dem Körper.

Mit der Einatmung heben Sie die Arme und legen sie nach hinten. Mit der Ausatmung heben Sie sie und legen sie wieder nach vorn. Führen Sie diese Bewegung so aus, als würde sie ausgelöst vom Atem, d. h., nicht Sie bewegen sich bzw. Ihre Arme, sondern der Atem bewegt Sie und Ihre Arme. Machen Sie auf diese Weise etwa 6 Atemzüge.

In der Pause danach beobachten Sie entspannt, wie sich der Atem anfühlt. Wenn wir auf diese Weise die Arme bewegen, laden wir den oberen Rücken ein, in die Bewegung zu gehen. Erinnern Sie sich an den schlafenden Säugling? Der Einatem bewegt die obere Wirbelsäule im Sinne einer Aufrichtung, einer Streckung. Dieser Teil unseres Rückens neigt dazu, sich zu runden, sich zu verhärten. Immer wenn wir die Arme bewegen, wirkt sich das dort aus, weil die Arme ja mit den Schultern, den Schulterblättern verbunden sind.

Probieren Sie zu der oben genannten Übung die Variante der Wechselatmung, und beobachten Sie dabei, ob sich Ihr Atem dabei verändert und anders anfühlt.

> *Das Leben geschieht*
> *nur im Hier und Jetzt.*
> *Der Atem ist unser Schlüssel dazu.*
>
> Zen-Weisheit

Ob jung oder alt, ob zu Hause oder in der freien Natur – die meisten Atemübungen können jederzeit und überall praktiziert werden.

Wechselatmung mit den Armen

Übung

Sie liegen wie in der vorhergehenden Übung entspannt auf dem Rücken und winkeln die Beine an, so dass die Füße locker auf dem Boden aufgestellt sind.

Einatmend gehen beide Arme nach hinten. Ausatmend kommt nur der linke Arm wieder nach vorn zum Boden und geht im Einatmen wieder nach hinten. Dann ist der rechte Arm dran: Ausatmend wird er nach vorn geführt, einatmend nach hinten. Üben Sie auf diese Weise jede Seite ungefähr 4- bis 6-mal.

Beobachten Sie während des Übens, ob sich der linke und der rechte Arm unterschiedlich anfühlen, je nachdem ob Sie auf der Seite gerade aus- oder einatmen.

Es gibt also Bewegungen, die den Einatem und damit die Bewegung des oberen Rückens besonders fördern. Es gibt aber auch solche, die sich auf den Ausatem, die Bewegung im unteren Rücken, im Bauch, auswirken. Dies ist immer der Fall, wenn beim Atmen die Beine bewegt werden, wie beispielsweise bei den folgenden Übungen.

Lassen Sie den Atem kommen, lassen Sie ihn gehen, und warten Sie ab, bis er von selbst wieder kommt. Versuchen Sie, Veränderungen nur wahrzunehmen; erzwingen Sie sie nicht.

Atmen mit den Beinen

Übung

Die Ausgangsposition ist bei dieser Übung dieselbe wie bei der vorhergehenden: Sie liegen entspannt auf dem Rücken, haben die Beine gebeugt und die Fußsohlen am Boden. Die Arme liegen locker rechts und links neben dem Körper.

Lassen Sie sich wieder von Ihrem Atem bewegen: Der Ausatem hebt den linken Fuß vom Boden, das gebeugte Bein fällt locker an den Leib, der Einatem stellt den Fuß wieder auf den Boden. Der nächste Ausatem lässt das rechte Bein locker heranfallen, der Einatem stellt den Fuß wieder zum Boden. Und so im Wechsel jedes Bein 4- bis 6-mal.

Die Übungen des Atmens mit den Armen und den Beinen lassen sich in ihrer Intensität noch steigern. Wenn wir mit dem Atem die Arme und die Beine bewegen, sorgen wir auf diese Weise für eine sanfte Mobilisierung der gesamten Wirbelsäule.

Am effektivsten ist es, regelmäßig mit Ihrem Atem zu üben, etwa eine halbe Stunde täglich, möglichst zur gleichen Zeit und am selben Platz. Stellen Sie sicher, dass Sie dabei ungestört und nie in Eile sind.

Atmen mit den Armen und Beinen

Übung

Sie liegen auf dem Rücken und haben die Füße aufgestellt. Wiederum liegen die Arme locker neben Ihnen am Körper. Um eine möglichst entspannte Atmosphäre zu schaffen, können Sie auch sanfte Hintergrundmusik laufen lassen.

Der Einatem führt die Arme nach hinten. Der Ausatem lässt ein Bein locker an den Leib kommen, dabei legen sich beide Hände auf das Knie. Ausatmend stellt sich der Fuß wieder zum Boden, die Arme gehen nach hinten. Beim nächsten Ausatmen ist das andere Bein dran. Üben Sie dies im Wechsel auf jeder Seite 4- bis 6-mal.

Auch in der nächsten Übung sind sowohl Arme als auch Beine beteiligt. Aufgrund der Stellung der Beine erzeugt sie eine besonders starke Bewegung des Zwerchfells, was wie ein Vitaminstoß für den gesamten Organismus wirkt.

Die Vitaminübung

Sie liegen auf dem Rücken und haben die Beine aufgestellt. Einatmend heben sich die Arme, aber nur bis in die Senkrechte. Gleichzeitig gehen die Beine auseinander, so dass sich die Fußsohlen berühren (die Füße liegen also auf den Außenkanten). Ausatmend gehen die Arme sehr langsam ein Stückchen weiter nach hinten, bis sie etwa 30 Grad vom Boden entfernt sind.

Einatmend legen sich die Arme ganz nach hinten, und zwar so, also käme die Bewegung aus den Außenkanten der Füße. Ausatmend kommen die Arme wieder nach vorn zum Boden, während die Beine sich schließen. Üben Sie auf diese Weise 4- bis 6-mal.

Beenden Sie die Sequenz der Atemübungen mit Armen und Beinen mit einer Übung, die Sie auch immer dann durchführen können, wenn Sie in die Stille kommen möchten.

Stilleübung

Sie sitzen aufrecht auf einem Stuhl oder Hocker oder in einer anderen für Sie bequemen Sitzhaltung, so entspannt wie möglich. Die Hände liegen locker auf den Oberschenkeln. Mit geschlossenen Augen oder den Blick ins Leere gerichtet, schauen Sie Ihrem Atem zu, wie er ganz von selbst kommt und geht. Begleiten Sie ihn mit einer sanften Bewegung Ihrer Hände: Beim Ausatmen zeigen die Handflächen nach oben, beim Einatmen nach unten. Üben Sie so einige Atemzüge.

Vielleicht haben Sie gespürt, wie beruhigend sich diese Übung auswirkt. Sie kann Ihnen helfen, in belastenden Situationen in Ihre Mitte zu finden und in die Stille einzutauchen.

Nutzen Sie auch die Zeit zwischendurch, um sich immer wieder einmal in Ihrem Atem zu spüren – während einer Arbeitspause im Büro oder zu Hause, während des Autofahrens oder in der Freizeit – ob Sie sitzen, liegen, stehen oder gehen.

Geeignete Kleidung

Eine gesunde Atmung wird durch zu enge Kleidung beeinträchtigt. Hosen- und Rockbünde um die Taille schnüren den Bauch ein. Dadurch wird der Körper mehr oder weniger in zwei Hälften geteilt, und der Atemfluss ist gestört. Eine natürliche Atmung ist so nicht möglich.

Die Indianer und der Atem

Die Indianer assoziieren mit der Freiheit des Adlers auch die Freiheit des Geistes, der durch bewusstes Atmen in die Höhe steigt und dort in Kontakt mit dem Großen Geist tritt.

Die Indianer leben das, was wir in den letzten Jahren wieder mühsam erlernen: einen harmonischen und respektvollen Umgang miteinander und mit allem, was Mutter Erde geschaffen hat.

Seit Jahrtausenden leben die Indianer im Einklang mit der Natur. Sie wissen um die Notwendigkeit des Miteinanders von Mensch und Natur. Die Natur ist für sie nicht ein Gegenstand, der dem Menschen unbegrenzt und unerschöpflich zur Verfügung steht. Sie sehen in der Erde ihre Mutter und in den Pflanzen und Tieren beseelte Wesen, denen gebührend Respekt entgegengebracht werden muss.

Aus diesem Grund stehen viele Atemübungen der Indianer in enger Verbindung mit der Natur. Sie werden nicht nur in der Natur gemacht, sondern die Natur wird ganz mit einbezogen: die Erde, alle Lebewesen, die Bäume und die Tiere sowie die Gestirne, Sonne und Mond. Denn der Atem bringt zum Ausdruck, dass der Mensch mit allen anderen Menschen, mit Tieren, Pflanzen und dem gesamten Kosmos in ständiger Wechselbeziehung steht.

Doch der Atem wird in der indianischen Kultur nicht nur als Bindeglied zwischen allen Wesen, sondern auch als Lehrer für jeden Einzelnen angesehen. Der Atem bringt den Menschen seinem eigenen Körper, seinem Geist und seiner Seele näher. Er bietet die Möglichkeit, sich Neuem zu öffnen und Altes loszulassen.

Das Prinzip des Gebens und Nehmens

Die Indianer haben ein wichtiges Prinzip im Zusammenleben mit der Natur und mit anderen Wesen beibehalten: Es ist ein ständiges Geben und Nehmen, was im Gleichgewicht gehalten werden muss. Indianische Schamanen z.B. bringen einige Perlen oder etwas Tabak als Geschenk und Gegenleistung, wenn sie eine Pflanze zu Heilzwecken pflücken. Genauso

> *Am Anfang war reine Seele und reiner Raum.*
> *Die Kraft aller Dinge ist Wakan Tanka,*
> *die Seele des Raumes, die kreative,*
> *empfangende Kraft aller Dinge.*
> *Aus Wakan Tanka entstand eine Implosion,*
> *ein Einatem; eine Explosion, ein Ausatem.*
> *Daraus entstand die Bewegung des Ganzen.*
> *Diese Bewegung ist die aktive, konzeptive,*
> *planende Energie.*
>
> Harley Swift Deer

können Sie dem Ort, an dem Sie Ihre Übungen vollziehen, ein kleines Geschenk mitbringen. Es kann eine Blume sein oder eine kleine Perle, aber auch ein Stück Obst eignet sich als Opfergabe. Es kommt dabei auf die Absicht an, nicht so sehr auf die Menge und die Qualität. Es kommt auf die Haltung an, mit der Sie dieses Geschenk machen.

Für uns Europäer ist es sehr schwierig, Kontakt zu Pflanzen und Tieren herzustellen, so wie es die Indianer tun. Wir haben leider verlernt, dass Körper und Geist genauso eine Einheit bilden wie alles, was uns umgibt, Menschen, Tiere, Pflanzen, Gewässer und Gestirne. Die folgenden Übungen sollen Ihnen ein wenig dabei helfen, diesen Kontakt wieder neu zu erlernen.

Kontakt mit Mutter Erde

Die Übungen stammen aus Amerika aus der Schule des legendären Don Juan, der durch Carlos Castaneda bekannt geworden ist. Wenn Sie die Übungen im Liegen machen, sollten Sie dies auf einer Unterlage aus natürlichen Materialien tun, damit der unmittelbare, natürliche Kontakt zur Erde gewährleistet ist.

Da die Atemübungen im Freien durchgeführt werden, eignen sich die indianischen Atemübungen natürlich besonders für die warmen Monate des Jahres.

Stell dir jetzt vor,
du seiest ein Adler auf jenen Felsen.
Atme die Luft!
Atme, wie du zuvor noch nie geatmet hast,
lass den Wind dich atmen!
Fühle, wie der Wind durch deinen Körper weht,
durch alle Muskeln und Fasern,
durch die Adern,
zwischen den Atomen hindurch.
(Reshad Feild)

Aber auch hier, wie bei den Übungen zu Hause, sollten Sie darauf achten, dass eine ruhige, entspannte Atmosphäre herrscht. Suchen Sie sich dazu einen Park oder ein Stück Natur, in dem Sie sich wohl und geborgen fühlen. Schön wäre es, wenn dies ein Ort mit Wasser (ein Bach oder ein Fluss) in der Nähe wäre.

Bevor Sie beginnen, ist es ratsam, sich zu sammeln und an dem Ort, an dem Sie gerade sind, anzukommen. Nehmen Sie Ihren Körper und die Umgebung bewusst wahr. Entspannen Sie sich mit ein paar Atemzügen, bevor Sie die eigentliche Übung beginnen.

- Sie liegen entspannt auf dem Rücken. Schließen Sie die Augen, und nehmen Sie Kontakt zu Ihrer Umgebung auf.
- Spüren Sie die Kraft des Baumes, in dessen Nähe Sie sich gelegt haben? Sind Sie offen für die Sprache des Flusses oder des Bachs, der an Ihnen vorbeirauscht? Verstehen Sie sein Lied?
- Erkennen Sie, was die Vögel Ihnen mit ihren Liedern mitteilen wollen, die sich ganz in Ihrer Nähe niedergelassen haben?
- Wenn Sie das Gefühl haben, sich für Ihre Umgebung geöffnet zu haben, können Sie mit den eigentlichen Übungen beginnen.

Das innere Hören

Uns Europäern ist im Lauf der Zeit auch die Fähigkeit verloren gegangen, die eigene Stimme wahrzunehmen und auf sie zu hören. Naturvölker wie die Indianer sind in großem Maß darauf angewiesen, auf ihre Intuition zu hören. Gerade solchen Stämmen, die noch im intensiven Kontakt mit der Natur leben, sichert es das Überleben.

Dass es das Leben auch in vielen Aspekten erleichtern kann, wenn wir unserem Gefühl trauen und nicht dem, was andere von uns erwarten, können die Menschen bestätigen, die wieder gelernt haben, sich ganz darauf zu verlassen, was die eigene Intuition ihnen empfiehlt.

Die folgende Übung hilft, den Kontakt zur inneren Stimme wiederherzustellen und mehr Vertrauen in die eigene Intuition zu erlangen. Lassen Sie sich einfach darauf ein.

Die indianischen Zeremonien und Rituale haben zum Ziel, die Harmonie, die zwischen dem Menschen, seiner Umwelt, der Erde und dem ganzen Kosmos bestand und ins Ungleichgewicht gebracht wurde, wiederherzustellen.

> *Der Geist spiegelt unseren Atem wider.*
> *Wenn der Atem gleichmäßig geht, ist der Geist still.*
> *Wird der Atem unstet,*
> *zittert der Geist wie Blätter im Wind.*
>
> Yaqui-Indianerin

Intuitionsübung

Stellen Sie sich vor, durch die Ohren zu atmen. Atmen Sie mit geschlossenem Mund durch die Nase aus. Dabei liegt die Zunge am Gaumen an. Atmen Sie möglichst geräuschlos. Wiederholen Sie den Vorgang einige Male, bis Sie merken, dass Ihre Aufmerksamkeit ganz und gar im Gehörgang ist. Legen Sie nun die Handflächen aneinander, und reiben Sie sie gegeneinander, bis sie ganz heiß sind. Legen Sie dann beide Hände auf die Ohren, so dass sich die Mittelfingerspitzen am Hinterkopf fast berühren. Massieren Sie nun die Ohren mit leichten Kreisbewegungen. Während die Hände auf den Ohren liegen bleiben, kreuzen Sie Mittel- und Zeigefinger, wobei die Zeigefinger oben liegen. Lassen Sie nun beide Zeigefinger auf den Halsbereich hinter den Ohren schnappen. Dabei entsteht ein kleines Geräusch.

Im Lauf der Zeit werden Sie feststellen, dass diese Übung das Hören feiner macht, dass Sie vielleicht aufmerksamer in sich hineinlauschen und Dinge besser wahrnehmen. Aber denken Sie daran, dass alles seine Zeit braucht und dass auch diese Übung Sie nicht von heute auf morgen zu einem Menschen macht, der alles hört, sieht und wahrnimmt, was die sichtbare und unsichtbare Welt enthält. Seien Sie geduldig, und gönnen Sie sich die Zeit, die Sie brauchen.

Atmen mit der Sonnenenergie

Wenn die dunklen und verregneten Monate des Jahres die Sonne selten hervorbringen, fühlen wir uns oftmals ausgelaugt und müde. Eine vernünftige Dosis an Sonne ist wie ein Energietank, der Menschen, Pflanzen und Tiere mit Kraft versorgt.

Tief einzuatmen heißt, das Leben ganz in sich aufzunehmen. Bewusst zu atmen heißt auch, dass man bereit ist, sich dem Leben zu stellen. Durch Hörübungen bekommen Sie mehr Kontakt zu Ihrer inneren Stimme und zur eigenen Intuition. Sie machen die Ohren empfindsamer, um die Stimme des Geistes zu hören.

Die folgende einleitende Übung dient dazu, die für uns lebensnotwendige Sonnenenergie bewusst aufzunehmen, um dadurch die eigene Lebensenergie zu steigern.

Sonnenübung

Wenden Sie sich mit geschlossenen Augen der Sonne zu. Spüren Sie ihre Wärme im Gesicht und auf der Haut. Atmen Sie diese Sonnenenergie durch den Mund ein, und ziehen Sie sie anschließend bis hinunter in den Bauch, um sie dort ein wenig zu halten. Schlucken Sie, und atmen Sie anschließend aus.

Das Sonnenlicht lädt den Atem mit Kraft auf und verteilt sich im ganzen Körper. Wiederholen Sie die Übung 3-mal. Vielleicht gelingt Ihnen die Übung noch besser, wenn Sie sich vorstellen, eine Sonnenblume zu sein.

> Die Sonnenenergie – die wichtigste Energie, die alle Lebewesen brauchen – lädt den Atem mit zusätzlicher Kraft auf und verteilt sich im ganzen Körper.

Verschiedene Körperregionen

Halten Sie die Augen wie bei der vorhergehenden Übung geschlossen. Stellen Sie auch hier erst einmal einen Kontakt zur Sonne her. Atmen Sie 3-mal durch die Nase ein und aus. Stellen Sie sich dabei vor, wie das goldene Sonnenlicht den Rücken herunterläuft, um die Kanäle, die sich entlang der Wirbelsäule befinden, energetisch aufzuladen.

Die heilende Energie der Sonne durchströmt alle Zellen Ihres Körpers: Füße und Beine, Hände und Arme, Rücken, Bauch, Kopf und Gesicht. Sie füllt die inneren Organe mit frischer Energie. Beim Ausatmen verlässt negative und verbrauchte Energie Ihren Körper.

Bauchatmung

Wieder stehen Sie aufrecht, der Sonne zugewendet. Richten Sie die Aufmerksamkeit auf die Gegend unterhalb des Nabels. Atmen Sie entspannt ein und aus, und stellen Sie sich dabei vor, dass eine Verbindung zwischen Bauch und Sonne entsteht, wie ein Band.

Von diesem Band aus fließt beim Einatmen goldgelbe Sonnenenergie in den Bauch und verteilt sich von dort aus in alle Zellen Ihres Körpers. Beim Ausatmen gelangt verbrauchte Energie zur Sonne und wird von ihr wieder transformiert.

> *Alle Dinge sind miteinander verbunden.*
> *Wenn man die Bäume fällt,*
> *deren Wurzeln mit allem verbunden sind,*
> *muss man sie um Verzeihung bitten,*
> *sonst fällt ein Stern vom Himmel.*
>
> Älterer der Lacanon-Maya

Rückenatmung

Setzen Sie sich jetzt mit dem Rücken zur Sonne. Richten Sie dabei Ihre Aufmerksamkeit auf die Gegend zwischen den Schulterblättern. Stellen Sie sich auch hier vor, dass eine Verbindung zwischen der Sonne und dieser Gegend Ihres Körpers entsteht.

Atmen Sie durch die Nase ein. Dabei strömt die Sonnenenergie zwischen den Schulterblättern an der Wirbelsäule entlang in den Körper und erfüllt ihn mit frischer Energie. Beim Ausatmen strömt die verbrauchte Luft zur Sonne und wird transformiert.

Atmen mit Bäumen

Da alle Pflanzen das Kohlendioxid, das wir ausatmen, in frischen Sauerstoff umwandeln, sind sie für uns lebensnotwendige Atemluftspender. So natürlich auch die Bäume. Dies ist sicher ein entscheidender Grund dafür, warum die Indianer die Kraft der Bäume besonders achten und warum auch andere Naturvölker Bäume als die Medizinmänner des Pflanzenreiches ansehen und verehren.

Der Baum symbolisiert den Transformationsprozess schlechthin. Seine Wurzeln stehen für die Vergangenheit. Sie stellen die Art und Weise dar, wie wir unser Erbe und unsere Ahnen ehren. Der Stamm versinnbildlicht unser derzeitiges Leben. Er zeigt, wohin unsere kreative Kraft gelenkt wird und an welchen Stellen es zu einem Stau kommt. Die Äste des Baumes sind die Ziele in der Zukunft. Und seine Früchte schließlich symbolisieren das Erreichen dieser Ziele.

Auch die größten Bäume beginnen ihr Leben als winzige Sämlinge, die aus mancherlei Gründen zunächst nur eine geringe Überlebenschance haben. Mit zunehmender Größe erweisen sie sich am geeigneten Standort jedoch allen übrigen Pflanzen überlegen.

Vielleicht steht in Ihrer Umgebung ein Baum, zu dem Sie bereits eine enge Beziehung haben oder zu dem Sie eine solche aufbauen möchten. Nehmen Sie sich die Zeit, ihn zu beobachten und zu überlegen, was Sie an eben diesem Baum so sehr anspricht, wenn nicht sogar fasziniert. Da Bäume auch in Mythen und Märchen eine wichtige Rolle spielen, ist es lohnenswert, einmal nachzuforschen, wofür dieser Baum steht, der Sie anspricht. Je intensiver Sie Kontakt zu dem Baum aufnehmen, desto mehr können Sie über sich selbst erfahren:

- Gibt es Parallelen zwischen Ihnen und dem Baum?
- Hat der Baum Eigenschaften, die Sie gerne besitzen würden?
- Vielleicht besitzen Sie diese Eigenschaften, trauen sich aber noch nicht, sie zu leben?

Ein altes Sprichwort sagt: »Wir sind für alles verantwortlich, was wir tun und was wir unterlassen.« Aus dem Kreislauf des Handelns und seiner Konsequenzen kann sich niemand ausschließen.

Schamanische Bewusstseinsreise

Für Naturvölker ist der Baum ein Bindeglied zwischen der diesseitigen Welt und dem Jenseits oder anderen Welten. Wenn Schamanen bewusstseinserweiternde Pilze wie Peyote oder die Liane Ayahuasca nehmen und ihre Seele den Körper verlässt, reisen sie oftmals am Weltenbaum entlang

Viele Naturvölker verehren die Pflanzen und Bäume um sie herum und respektieren sie als Helfer und Lehrer – auch beim Atmen.

> *Großes Geheimnis,*
> *dessen Stimme ich in den Winden vernehme,*
> *dessen Atem der Welt Leben gibt, höre mich.*
> *Ich brauche deine Kraft und Weisheit,*
> *gib, dass ich in Schönheit wandle.*
> *Lass mich immer bereit sein, Dir in die Augen zu schauen,*
> *so dass, wenn das Leben vergeht,*
> *so wie der verblassende Sonnenuntergang,*
> *meine Seele zu Dir kommt ohne Beschämung.*
>
> Chief Dan George

und gelangen so in andere Reiche. Es gibt regelrechte Landkarten, in denen die Weltenbäume verzeichnet sind und die den Weg an diesen Weltenbäumen entlang beschreiben.

Indianer halten Bäume für weise, weil sie vielen Stürmen und Unwettern standhalten und sich nicht aus dem Gleichgewicht bringen lassen. Sie dienen den Indianern Nordamerikas als Vorbild, durch harte Zeiten der Unterdrückung und Schwierigkeiten zu gelangen, ohne daran zu zerbrechen. Wegen der Baumwurzeln, die eine direkte Verbindung zu Mutter Erde herstellen, und den Blättern, die Informationen aus dem Kosmos aufnehmen, schreiben Indianer den Bäumen spirituelle und medizinische Heilkräfte zu. Bäume können eine direkte Verbindung zwischen dem »Großen Geist« und dem Menschen darstellen.

Den Baum als Lebewesen respektieren

Auch uns können Bäume helfen. Wenn Sie mit einem Baum atmen wollen, tun Sie es mit offenem Herzen. Da Bäume so unmittelbar mit der Mutter Erde in Kontakt sind, werden sie Ihre Absicht sofort spüren und Ihnen bei Ihrer Heilung helfen. Nehmen Sie die Kraft der Bäume ernst. Sie sind ebenso Lebewesen wie wir Menschen.

Gehen Sie zu »Ihrem Baum« und bitten Sie ihn um Unterstützung. Achten Sie ihn in der gleichen Weise, in der sie selbst von anderen geachtet werden wollen. Fragen Sie den Baum, ob Sie mit ihm atmen können.

Verschiedene nordamerikanische Indianerstämme haben bestimmte Atemrituale, die ihnen helfen, die Energien der Bäume bewusst aufzunehmen. Sie tun dies meist im Frühjahr, wenn die Bäume in neuer Lebenskraft erblühen.

Wenn Sie ihn berühren, werden Sie schnell sehen, ob der Baum mit Ihnen in Kontakt treten will oder nicht. Wenn Sie die heilende Kraft des Baumes in Anspruch nehmen, erweisen Sie ihm Ihre Achtung durch ein kleines Geschenk. Je mehr Sie ihn respektieren und die Kraft, die dem Baum innewohnt, ernst nehmen, desto eher kann er Ihnen helfen.

Atme die Morgendämmerung viermal ein, und bete für dich, die Dämmerung und alles, was existiert. Alles soll wieder heilig gemacht werden.
(Frank Mitchell)

Die heilende Kraft der Bäume

Es gibt unterschiedliche Möglichkeiten, mit einem Baum zu atmen. Nachdem Sie sich in aller Ruhe einen Baum, entweder in Ihrem Garten oder in einem Park oder Wald gesucht haben, lassen Sie sich erst einmal Zeit, sich an ihn zu gewöhnen. Setzen oder stellen Sie sich in einigem Abstand vor den Baum, und betrachten Sie ihn ganz in Ruhe. Durch ein paar tiefe Atemzüge können Sie symbolisch Wurzeln schlagen und an diesem Ort wirklich physisch und psychisch ankommen.

Wenn Sie das Gefühl haben, sich ganz auf den Baum konzentrieren zu können, seinen Duft wahrnehmen und vielleicht noch die Vögel und Insekten hören, die um ihn sind, versuchen Sie, ihn zu erspüren. Wenn Sie sich aufeinander eingeschwungen haben, kann die eigentliche Atemübung beginnen.

Atemübung mit dem Baum

Breiten Sie eine Decke aus, und legen Sie sich auf den Rücken. Berühren Sie den Baum mit den Füßen, so dass ein direkter Kontakt zwischen Ihnen und dem Baum entsteht. Atmen Sie zunächst gründlich aus, entleeren Sie also die Lunge so weit wie möglich, aber ohne zu pressen oder besonderen Druck auszuüben. Atmen Sie nun so tief wie möglich durch die Nase ein, und stellen Sie sich dabei vor, wie die Kraft des Baumes durch Ihre Füße einströmt und wie Sie sich dabei mit der Mutter Erde verbinden.

Atmen Sie die Kraft durch die Beine, das Becken, den Bauch, den Solarplexus, den Brustbereich und die Lunge. Weiter zum Kopf bis zum Gehirn. Während Sie sich beim Einatmen vorstellen, dass Sie sich die heilende Kraft des Baumes zunutze machen, stellen Sie sich beim Ausatmen vor, dass Sie sich jetzt von alten Schlacken und verletzenden Erfahrungen aus der Vergangenheit befreien. Verbinden Sie Einatem und Ausatem miteinander, so dass dazwischen keine Pausen entstehen. Eins folgt auf das andere, so wie ein Kreisatem, im Idealfall eine Verbindung zwischen Ihnen und dem Baum. Eine Hilfestellung kann das Bild von Meereswellen sein. Es gibt auch CDs, auf denen das Rauschen von Meereswellen zu hören ist. Dieser regelmäßige Rhythmus kann es erleichtern, einen eigenen Atemkreis aufzubauen. Wenn Sie keine CD zuhilfe nehmen wollen, stellen Sie sich die Welle vor, die angerollt kommt, sich überschlägt und sich wieder zurückzieht. Diese Vorstellung wiederholen Sie so lange, bis ein Atemfluss entsteht.

Zwiesprache halten

Eine andere Möglichkeit ist, dass Sie sich sitzend mit dem Rücken an den Baum lehnen oder die Atemübung im Stehen vollziehen. Die Atmung durch den ganzen Körper erfolgt genauso wie im Liegen.
Sie können auch in einen richtigen Dialog mit dem Baum treten. Schütten Sie ihm Ihr Herz aus, und stellen Sie ihm Fragen, auf die Sie allein keine Antworten finden. So wie der Baum in der Lage ist, Kohlendioxid in Sauerstoff umzuwandeln, so ist er auch in der Lage, Traurigkeit und Schmerz aufzunehmen und Sie mit frischer Lebensenergie zu versorgen.

Wenn Sie sich während der Atemübung an den Baum anlehnen, nimmt der Baum Ihre ausgeatmete, verbrauchte Energie auf und wandelt sie in frische Energie um, die über die Baumwurzeln wiederum in Ihren Körper gelangt.

Atmen in der Wellenbewegung

Stellen Sie sich vor, dass Ihr Atem einer Wellenbewegung folgt:

Einatem	**= anrollende Welle**
Wende vom Ein- zum Ausatem	**= Augenblick, in dem sich die Welle überschlägt**
Ausatem	**= Zusammenbrechen der Welle**
Übergang vom Aus- zum Einatem	**= Rückfließen der Welle**

Nun ist die Lunge leer, und es kommt eine neue Welle…
Wiederholen Sie diese Übung 10- bis 20-mal.

Der Atem im Yoga

In der indischen Yogatradition war der Atem bei der Schulung von Körper, Seele und Geist schon immer von zentraler Bedeutung. Yoga hat zum Ziel, gleichzeitig die Gedanken und die Sinne zu beruhigen, um in Einklang mit sich selbst und zur »reinen Schau der Wahrheit« zu gelangen. Das bedeutet, mit jeder Zelle des Körpers zu erfassen, dass alles in diesem Universum eine Einheit bildet, und zu erkennen, dass jedes untrennbar mit jedem verbunden ist.

Das erhobene Bein des tanzenden Shiva ist Sinnbild für die Lösung des Geistes vom Körper in der Meditation; das andere Bein ist jedoch fest im Hier und Jetzt verankert.

Im Lauf der Zeit entwickelten sich im frühen Indien vier Yogawege: Raja, Karma, Jnana und Bhakti. Jeder Mensch kann seiner physischen und psychischen Konstitution nach einen Weg auswählen, der seiner Persönlichkeit entspricht.

Im westlichen Abendland wird vor allem ein Teil des Raja-Yoga, der so genannte Hatha-Yoga, praktiziert. Ha-Tha, das bedeutet Polarität, nämlich Sonne und Mond und – auf unser Thema bezogen – Einatem (Sonne) und Ausatem (Mond).

Der Yogaweg zur Harmonie von Körper und Geist

Unter dem Dach des Hatha-Yoga gibt es wiederum viele Wohnungen, d. h. eine ausgesprochene Vielzahl und Fülle von unterschiedlichen Methoden, Schulen oder unterschiedlichen Lehrstilen. Allen gemeinsam ist, dass der Atem in ihnen eine zentrale Rolle spielt, sei es in gesonderten Atemübungen (Pranayama), sei es ausdrücklich als Grundlage für Bewegungsübungen oder für die Körperhaltung.

Yoga ist eine Meditationstechnik, die eingebettet ist in die jahrtausendealte Kulturgeschichte Indiens.

Für das Erlernen von Pranayama ist die ständige Begleitung durch eine erfahrene Lehrerpersönlichkeit absolut unabdingbar, denn es sind Übungen, bei denen der natürliche Fluss des Atems beeinflusst oder sogar verändert werden kann.

> *Wenn der Atem wandert oder ungleichmäßig ist,*
> *ist der Geist auch unruhig.*
> *Aber wenn der Atem still ist, ist der Geist es auch,*
> *und der Yogi lebt lange.*
> *Deshalb sollte man den Atem beherrschen.* Hatha-Yoga Pradipika, 2-2

Im Folgenden finden Sie einige Übungen, die besonders gut geeignet sind, um Kontakt mit dem eigenen Atem aufzunehmen, ohne ihn dabei zu stören, ohne dabei allzu sehr mit der Technik der Ausführung beschäftigt zu sein und vor allem ohne sich bei den Übungen zu überfordern.
Die folgenden Übungen setzen keine besondere körperliche Geschicklichkeit voraus. Die einzige Voraussetzung für das Üben ist die Bereitschaft, in die Erfahrung zu gehen, und die Neugier auf das eigene Erleben – gerade hier, gerade jetzt.

Übungsbegleitende Tipps

• Üben Sie immer mit Geduld und Hingabe, so dass Sie eventuelle Blockaden und Störungen gut wahrnehmen können – gerade auch dann, wenn die Übungen subtiler werden und mehr Aufmerksamkeit erfordern.
• Atmen Sie nach Möglichkeit immer durch die Nase, da die Nasenatmung die Zwerchfellbewegung und damit die Versorgung der Organe mit Sauerstoff fördert.
• Zu welchem Zeitpunkt Sie die Übungen machen, bleibt Ihnen selbst überlassen. Die einen fühlen sich morgens wohler, den anderen fallen solche Übungen vielleicht abends leichter. Probieren Sie jedoch ruhig einmal unterschiedliche Tageszeiten aus. Möglicherweise glauben Sie, dass Sie abends besser üben können, aber ihr Körper ist morgens entspannter – oder umgekehrt. Üben Sie nicht unmittelbar nach einer Mahlzeit, frühestens eine Stunde danach.
Mit der folgenden Übung können Sie auf einfache, aber wirkungsvolle Weise die Verdauung fördern – vorausgesetzt, Sie haben keine Knieprobleme. (Diese Übung können Sie direkt nach einer Mahlzeit ausführen.)

Je ruhiger der Atem fließt, desto ruhiger wird auch der Geist. Diese Erfahrung werden Sie sicherlich machen, wenn Sie die Atemübungen regelmäßig durchführen.

> Ein wenig Pranayama
> genügt schon,
> z.B. den Atem beobachten:
> Damit wird der Geist
> von anderen Tätigkeiten abgezogen
> und auf die Beobachtung
> des Atems festgelegt.
> Das bringt den Atem
> unter Kontrolle –
> und damit auch den Geist.
>
> Ramana Maharshi

Vorsicht bei Kniebeschwerden

Fersensitz

Je größer die Selbstkontrolle ist und je bewusster wir atmen und leben, desto größer ist unsere Freiheit.

Sie sitzen auf den Fersen. Achten Sie darauf, dass Sie gerade sitzen, also nicht nach vorn gebeugt. Es kann sein, dass die Fußrücken durch die ungewohnte Dehnung schmerzen. Legen Sie in diesem Fall ein Kissen unter die Füße. Bleiben Sie möglichst lange in dieser aufrechten Haltung, jedoch nur dann, wenn Sie keine Schmerzen in den Knien verspüren. Wo können Sie die Bewegung des Atems fühlen?

Stellen Sie sich Ihre gebeugten Beine vor wie einen Futon, den Sie soeben frisch aufgeschüttelt haben, oder wie ein Daunenbett. Gehen Sie beim Einatmen in Ihrer Vorstellung in die linke Hälfte dieses Futons oder Daunenbetts, also in das linke Bein. Atmen Sie in die rechte Hälfte aus. Dort, also rechts, atmen Sie dann wieder ein, und nach links atmen Sie wieder aus. Sie wechseln also immer ab: Auf der Seite, auf der Sie ausatmen, atmen Sie ein, gehen dann mit der Ausatmung in die andere Seite, zum andern Bein, atmen dort wieder ein und umgekehrt.

Die folgenden Übungen können Sie im Stehen oder aufrecht sitzend auf einem Stuhl oder Hocker machen. Wenn Sie im Stehen üben, haben Sie die Füße leicht auseinander und parallel. Wenn Sie im Sitzen üben, achten Sie darauf, dass beide Füße fest am Boden stehen.

Atmen mit den Armen

Seitliches Heben und Senken

Einatmend heben Sie beide Arme über die Seite nach oben, ausatmend senken Sie sie wieder über die Seite nach unten. Stellen Sie sich vor, dass der Atem die Bewegung Ihrer Arme auslöst. Sie dürfen sich also vom Atem bewegen lassen.

Ist die Bewegung genauso lang wie der Atem? Wenn Sie die Bewegung schon früher abgeschlossen haben als den Atem, führen Sie sie langsamer durch. Machen Sie auf diese Weise etwa 6 Atemzüge. Nach einer kleinen Pause können Sie die Bewegung schrittweise erweitern.

Die Kunst der Übungen besteht nicht darin, sie schnell zu machen, sondern sie gründlich auszuführen.

Atmen mit den Armen in zwei Schritten

Einatmend bewegen Sie die Arme nur bis zur Schulterhöhe, also in die Waagerechte. Atmen Sie in dieser Stellung aus, und entspannen Sie dabei die Schultern, so dass sie ein wenig sinken. Mit der nächsten Einatmung heben Sie die Arme ganz nach oben (die Schultern bleiben unten!). Ausatmend sinken die Arme wieder ganz nach unten.

Vorbeuge

Einatmend heben Sie die Arme über die Seite nach oben. Ausatmend beugen Sie sich mit lockeren Knien nach vorn. Dabei gehen die Arme in weitem Bogen über die Seite auf den Rücken, wo sich die Finger finden bzw. die Handgelenke fassen. Am Ende der Ausatmung hängen die Schultern ganz entspannt, auch der Nacken kann sich entspannen, weil der Kopf locker nach unten hängt. Mit der nächsten Einatmung heben sich die Schultern, und Sie richten sich wieder auf, wobei die Arme wieder über die Seite nach oben schweben.

Dehnen

Stellen Sie sich entspannt aufrecht hin, und verschränken Sie die Finger (Hände falten). Die Arme befinden sich vorn am Körper. Einatmend heben Sie die Arme nach oben, und drehen Sie dabei die verschränkten Hände um, so dass die Handflächen nach oben zeigen. Ausatmend

Im Sanskrit, der Sprache alter indischer Texte, gibt es für Atem und Leben dasselbe Wort: Prana. Prana steht für die Lebensenergie, womit der große Einfluss einer richtigen und bewussten Atmung auf alle Bereiche unseres Lebens, auf unsere Gesundheit und auf unsere Lebensfreude gemeint ist: Atmen bedeutet Leben.

beugen Sie die Arme. Einatmend dehnen Sie sie wieder nach oben. Ausatmend führen Sie die Arme wieder nach unten. Am Ende der Übung können Sie die Hände wieder umdrehen, damit die Schultern sich nicht verkrampfen, sondern sich entspannen können.

Schulterbrücke

Sie liegen bequem auf einer Matte oder einer Decke auf dem Rücken. Die Füße haben Sie parallel und nur wenig voneinander entfernt aufgestellt. Einatmend heben Sie das Becken und den Rücken, ausatmend senken Sie es wieder. Wiederholen Sie diese Übung etwa 6-mal.

Ausgleichshaltung

Wieder liegen Sie entspannt auf einer Decke auf dem Rücken. Ziehen Sie die gebeugten Beine zu sich heran. Die rechte Hand fasst das rechte Knie, die linke Hand das linke Knie. Einatmend entfernen sich die Oberschenkel etwas vom Bauch, die Arme strecken sich also. Ausatmend kommen die Beine wieder heran. Bleiben Sie dabei möglichst locker und entspannt in den Schultern und Armen. Wiederholen Sie diese ausgleichende Übung etwa 4- bis 6-mal.

Auch diese Yogaübung – die Schulterbrücke – kann in einen »faulen« Strandurlaub eingebaut werden und tut der Erholung keinen Abbruch.

Beinheben

Diese Yogaübung wirkt sich besonders auf den unteren Rücken und den Bauch aus. Aber auch der obere Teil des Rückens wird durch die Beteiligung der Arme bewegt.

Sie liegen auf dem Rücken. Das rechte Bein ist aufgestellt. Es soll den Rücken stützen, ist aber in der folgenden Bewegung nicht aktiv. Einatmend gehen beide Arme nach hinten. Ausatmend hebt sich das gestreckte linke Bein vom Boden in die Senkrechte. Gleichzeitig bewegen sich auch die Arme in die Senkrechte. Einatmend gehen die Arme wieder nach hinten, während das Bein wieder gestreckt zum Boden geht. Machen Sie die Beinhebeübung auf jeder Seite 4- bis 6-mal.

Schulterzyklus

Dieser Bewegungsablauf spricht besonders den Schultergürtel an, d. h., er schafft Raum für den Atem im Brustraum. Damit er sich wirklich hier auswirken kann und nicht den unteren Rücken schwächt und ermüdet, setzen Sie sich entweder auf einen Stuhl (und dabei auf die vordere Stuhlkante) oder auf einen Hocker. Sie können für diese Übung aber auch den Fersensitz wählen (siehe Seite 40).

Einatmend heben Sie die Arme über vorn nach oben, ausatmend senken Sie sie über vorn bis in die Waagerechte. Drehen Sie nun die Arme während des Einatems, so dass die Handflächen nach oben zeigen. Beugen Sie die Arme, die Ellenbogen zeigen dann nach hinten. Die Hände sind nun ganz nah am Brustkorb. Ausatmend drehen Sie den Schultergürtel mit dem Brustkorb nach links und breiten die Arme aus, die Handflächen zeigen jetzt wieder nach unten.

Einatmend drehen Sie sich erneut zur Mitte, wobei sich die Arme wieder beugen, die Handflächen zeigen nach oben, die Hände sind nah am Brustkorb. Ausatmend wiederholen Sie die Bewegung zur rechten Seite. Einatmend wieder zur Mitte. Ausatmend strecken Sie die Arme nach vorn in die Waagerechte, die Handflächen zeigen dabei nach unten, und beugen Sie den Rumpf nach vorn. Einatmend heben Sie die Arme und richten den Rumpf auf – ein neuer Zyklus beginnt. Üben Sie diesen Bewegungsablauf 4- bis 6-mal.

Wer sich rundum wohl fühlt, sieht meist auch so aus: Die Augen strahlen, die Haut ist glatt und rosig, das Haar glänzt, der Gang ist aufrecht und entspannt. Um das innere und äußere Gleichgewicht wieder zu finden, können Atemübungen helfen.

Legen Sie sich nach der Schulterzyklusübung auf den Rücken, oder entspannen Sie sich im Sitzen. Beobachten Sie sich: Wie fühlt sich der Atem jetzt an?

Atemdialog mit den Armen

Sie liegen entspannt auf dem Rücken und haben die Füße aufgestellt. Einatmend hebt sich der linke Arm in die Senkrechte. Ausatmend entspannt sich die linke Schulter, so dass der Arm ganz locker im Schultergelenk hängt.

Einatmend hebt sich der rechte Arm und legt sich nach hinten. Ausatmend kommt er wieder nach vorn zum Boden und nimmt dabei auch den linken Arm mit, so dass am Ende der Ausatmung beide Arme wieder vorn am Boden neben dem Körper liegen.

Jetzt ist der rechte Arm dran. Er beginnt den Dialog: Einatmend hebt er sich bis in die Senkrechte und entspannt sich anschließend im Ausatem. In der nächsten Einatmung hebt sich der linke Arm und legt sich ganz nach hinten. Wenn er beim Ausatmen wieder nach vorn geht, nimmt er den rechten Arm mit.

Wie bereits erwähnt, soll der Atem auch unsere Wirbelsäule erreichen und uns immer wieder sanft aufrichten. Da unsere Wirbelsäule im Lauf des Lebens an Beweglichkeit verliert, müssen wir ihr helfen, immer wieder in die Bewegung zu gehen. Kraftübungen sind dazu weniger geeignet (es sei denn, wir üben täglich einige Stunden!), weil nach einer kurzen, heftigen Anstrengung der Körper gern wieder in alte Muster zurückfällt. Wirksamer und längerfristig verändernd sind eher sanfte Übungen.

Als Pranayama bezeichnet man verschiedene Übungen zur Kontrolle des Atems. Pranayama fördert die innere Ruhe, entspannt und ist deshalb auch gut zur Einstimmung auf eine Meditation geeignet.

Sanfte Bewegungen mit dem Atem

Die Katze

Bei dieser Übung stehen Sie im so genannten Vierfüßlerstand, die Knie ein wenig auseinander. Achten Sie darauf, dass Sie mit den Händen und mit den Armen nicht zu viel Druck auf den Boden ausüben. Das erzeugt Spannungen und Unbeweglichkeit im Schultergürtel. Und wir brauchen einen möglichst beweglichen Schultergürtel, damit der Einatem bei dieser Übung auch den oberen Rücken erreichen und damit die Wirbelsäule aufrichten kann.

Einatmend streckt sich der Rücken, Sie schauen dabei nach vorn. Ausatmend ziehen Sie den Bauch Richtung Wirbelsäule, so dass der untere Rücken sich nach oben wölbt. Bewegen Sie dabei langsam das Gesäß zu den Fersen. Der Kopf schaut nach unten, und am Ende berührt – wenn möglich – die Stirn den Boden.

Im Einatmen geht es anschließend wieder mit gestrecktem Rücken nach vorn, aber nur so weit, bis die Oberschenkel senkrecht stehen. Ausatmend gehen Sie wieder zurück. Wiederholen Sie die Übung etwa 6-mal, und ruhen Sie sich anschließend im Sitzen, im Liegen oder mit einer der folgenden Übungen aus.

Ruheübungen

Eingerolltes Blatt

Das Gesäß ist bei den Fersen, der Oberkörper ruht auf den Oberschenkeln, die Stirn liegt auf dem Boden, auf einem Kissen oder auf den übereinander gestellten Fäusten auf.

Vielleicht spüren Sie in dieser Position den Atem ein wenig »gefangen«. Aber beobachten Sie, wie viel Bewegung herrscht: im Bauch, im Rücken – mehr oben oder mehr unten? – oder an den Seiten.

Diese Position, die auch Embryohaltung genannt wird, mag uns ins Gedächtnis rufen, wie der Atem uns ursprünglich, im Mutterleib nämlich, bewegte – nicht nur punktuell, beim Üben, sondern die ganze Zeit, Tag und Nacht.

Atmen mit den Armen in der Vorstellung

Sie liegen auf dem Rücken, die Füße sind aufgestellt. Einatmend hebt sich der linke Arm und legt sich nach hinten, ausatmend kommt er wieder nach vorn. Jetzt vollziehen Sie die gleiche Bewegung mit dem Arm nur in Ihrer Vorstellung. Üben Sie genauso mit dem rechten Arm.

Die Atemübungen können Sie auch wunderbar zur kleinen »Aufmunterung« im Büro oder privat nutzen, wenn Sie zwischendurch mal einen toten Punkt haben und sich schnell wieder wach und fit fühlen wollen.

> *Es ist Prana, was in deinem Atem geht*
> *und in deinen Augen leuchtet.*
> *Durch Prana sehen wir, hören wir,*
> *tasten wir, schmecken wir, riechen wir,*
> *denken wir.*
> *Das Lächeln einer schönen Frau,*
> *die Melodie der Musik,*
> *die Worte des Redners werden aus*
> *Prana geboren.*
> *Prana ist Kraft.*
>
> Vivekananda, Raja-Yoga

Wechselatmung

Die folgende Übung gehört zu den Reinigungsatmungen im Yoga. Da sie einen Eingriff in den natürlichen Atem darstellt (siehe Seite 49), sollten Sie die Übung sehr vorsichtig und nur dann machen, wenn Sie sich dabei auch wirklich wohl fühlen. Beginnen Sie langsam, und erzwingen Sie nichts.

Mit wechselseitigem Atmen durch jeweils ein Nasenloch nehmen Sie mehr Sauerstoff auf als beim normalen Atmungsvorgang. Das erfrischt Geist und Körper.

Atmen durch die Naseneingänge

Setzen Sie sich aufrecht auf einen Hocker oder auf einen Stuhl, möglichst ohne sich anzulehnen. Sie können aber auch eine andere Ihnen angenehme Sitzhaltung aus dem Yoga wählen.

Nehmen Sie nun mit der rechten Hand die folgende Fingerhaltung ein: Zeige- und Mittelfinger sind nach unten in die Hand geklappt. Daumen und Ringfinger legen Sie mit ihren seitlichen Kuppen an die beiden Naseneingänge. Die Naseneingänge sind zwei kleine Erhöhungen am unteren Ende des Nasenbeins.

Legen Sie den Daumen an den rechten Naseneingang und den Ringfinger an den linken Naseneingang. Beim Ausatmen verschließen Sie abwechselnd immer einen Nasengang. Durch den geöffneten anderen Nasengang atmen Sie aus.

Legen Sie beim Einatmen die Hand wieder ganz entspannt auf den Oberschenkel. Achten Sie jedoch darauf, dass Sie die Fingerhaltung auch während der Einatmung beibehalten.

Die Einatmung sollte immer frei, also ohne Kontrolle erfolgen. Die Ausatmung dagegen erfolgt abwechselnd durch den rechten und den linken Nasengang. Üben Sie so etwa 10 bis 16 Atemzüge.

Spüren Sie anschließend nach: Können Sie den feinen Luftstrom an den Naseneingängen fühlen? Natürlich sollte Ihre Nase frei sein, wenn Sie die Übung machen. Bei Schnupfen oder Erkältungen bietet sie sich nicht an.

Betonung der Einatmung

In der vorigen Übung haben Sie durch die Kontrolle der Nasengänge die Ausatmung betont. Wenn Sie sich müde und erschöpft fühlen, betonen Sie die Einatmung. Sie üben mit derselben Fingerhaltung wie vorher. Sie verschließen einen Nasengang und atmen durch den anderen ein. Beim Ausatmen lassen Sie die Hand entspannt auf den Oberschenkel sinken. Üben Sie diese Atemkontrollen nur dann, wenn Sie sich wohl dabei fühlen.

Beim Einatmen verlagert sich das Zwerchfell nach unten und vergrößert den Brustraum. Alle Lungenbläschen füllen sich mit Luft, und der Bauch dehnt sich deutlich sichtbar nach außen. Beim Ausatmen geht das Zwerchfell wieder nach oben in seine Ausgangsposition zurück, und der Bauch senkt sich wieder.

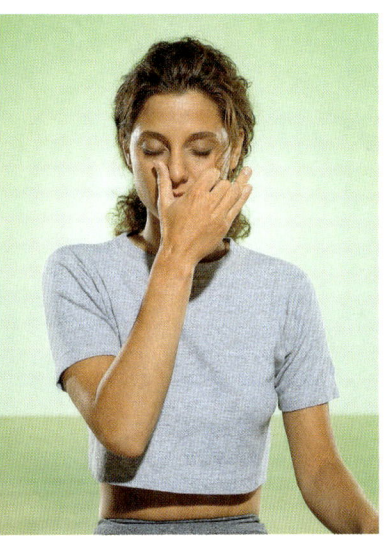

Bei der Wechselatmung wird zunächst der linke und dann der rechte Naseneingang verschlossen. Bei Übungen, die den natürlichen Atem kontrollieren, ist jedoch stets Vorsicht geboten!

> *Der Atem, von dem die alten Texte sprechen,*
> *ist Ausdruck eines dynamischen Erlebnisses*
> *jener vitalen Kraft,*
> *die mit jedem Atemzug erweckt wird.*
> *Sie wirkt sich aus in unserem Blutstrom,*
> *verwandelt sich in immer feinere Formen*
> *von Energie, sie schafft eine neue Art*
> *des Körperbewusstseins.*
>
> Lama Govinda

Atmen im Rhythmus der Bewegung

Wenn Sie während der Atemübungen einen unangenehmen Druck im Brustkorb oder einen Schmerz entlang den Rippen spüren, so kommt dies von einem angespannten Zustand der Atmung. Machen Sie dann eine Pause.

Die folgenden Atemübungen helfen Ihnen dabei, Ihre ganze Aufmerksamkeit beim Atem zu halten. Das Atmen mit den Fingern können Sie überall – sowohl im Liegen als auch aufgerichtet im Sitzen – ausführen.

Atmen mit den Fingern

Schauen Sie zunächst wieder möglichst entspannt Ihrem Atem zu, wie er ganz von selbst kommt und geht. Anschließend berühren sich im Einatem Daumen- und Zeigefingerkuppen, ganz sanft, ohne Druck. Atmen Sie so aus. Mit der nächsten Einatmung berühren sich Daumen- und Mittelfingerkuppen. Bleiben Sie ausatmend.
Setzen Sie die Übung fort, bis Sie bei den kleinen Fingern angelangt sind. Damit haben Sie insgesamt 4 Atemzüge vollzogen. Gehen Sie jetzt von den kleinen Fingern zurück zu den Zeigefingern, das sind 3 Atemzüge. Üben Sie auf diese Weise weiter.

Variante

Beginnen Sie diese Atemübung, die erneut mit der Bewegung Ihrer Finger unterstützt wird, wie die vorhergehende. Variieren Sie sie folgendermaßen: Einatmend berühren sich Daumen- und Zeigefingerkuppen, ausatmend lösen sie sich wieder voneinander. Und so weiter bis zu den kleinen Fingern und dann wieder zurück.

Der Atem folgt der Bewegung der Arme

Atemzyklus im Stehen

Sie stehen entspannt aufrecht, die Hände liegen locker auf dem oberen Bauch (unterhalb der Brust). Einatmend breiten Sie die Arme in Schulterhöhe aus (lassen Sie die Schultern entspannt). Ausatmend nehmen Sie die Hände wieder zum Bauch. Einatmend heben Sie die Arme über vorn nach oben. Ausatmend beugen Sie sich nach vorn. Lassen Sie dabei die Knie locker. Einatmend richten Sie sich wieder auf und heben dabei die Arme nach oben. Ausatmend nehmen Sie die Hände wieder zum Bauch. Üben Sie den Atemzyklus im Stehen etwa 3- bis 4-mal.

Vorsicht bei Atemkontrolle

Es gibt im Yoga eine Vielzahl von Übungen, in denen es darum geht, den Atem zu kontrollieren, also in den natürlichen Atem einzugreifen. Wenn derartige Übungen nicht unter Anleitung eines Lehrers oder einer Lehrerin ausgeführt werden, besteht jedoch die Gefahr, sich zu überfordern. Führen Sie die folgende Übung also nur sehr vorsichtig und immer mit dem Blick auf Ihre eigenen Grenzen aus.

Behutsame Kontrolle des natürlichen Atems

Bei dieser Übung liegen Sie entspannt auf dem Rücken, die Füße sind aufgestellt. Einatmend legen sich die Arme nach hinten, ausatmend kommen sie wieder nach vorn. Einatmend legen sie sich erneut nach hinten; wenn sie ausatmend wieder nach vorn kommen, teilen Sie die Strecke in zwei Abschnitte, machen also eine winzig kleine Pause in der Bewegung. Beim nächsten Mal teilen Sie die Strecke in drei Abschnitte, dann vier, fünf usw.

Ziel der Übung sind nicht möglichst viele Teilabschnitte. Der Atem sollte weiterhin ruhig und gleichmäßig fließen, der Ausatem wird dabei immer durch kleine Pausen unterbrochen. Wenn Sie Ihre Grenze gefunden haben, gehen Sie wieder ein wenig zurück, so dass Sie noch eine Weile üben können, ohne sich zu überfordern.

Durch die Atemübungen wird der Blutkreislauf stabilisiert. Die Gesichtsfarbe wird rötlicher, die Blutgefäße dehnen sich leicht aus, die Pulsation wird markanter, und im ganzen Körper entsteht eine angenehme Wärme.

Die Japaner und der Atem

Der berühmteste japanische Zen-Meister Dögen verlangte von seinen Schülern höchste Aufmerksamkeit bei der Meditation und zudem Präsenz bei allen alltäglichen Handlungen.

Zen und Atem

Im japanischen Zen spielt der Atem eine wichtige Rolle. Im eigentlichen Sinne des Wortes ist Zen eine Abkürzung für das japanische Wort »zenna«, welches wiederum die Übertragung des indischen Sanskritwortes »dhyana«, bzw. des chinesischen ch'an bedeutet. Wörtlich übersetzt heißt es »in Meditation sitzen« und im weiteren Sinne steht es für die Praxis der Meditation. Zen bezeichnet somit den Vorgang der Konzentration und die Versunkenheit, welche die Sinne beruhigt und zur Sammlung von Körper und Geist führt.

Seinen Ursprung hat Zen in Indien. Danach gelangte es durch Bodhidharma nach China, und schließlich brachten Eisai und Dögen, die wichtigsten japanischen Zen-Meister, ch'an als Rinsai- und Söto-Zen nach Japan. Als Teil des Mahayana-Buddhismus stellt Zen eine Philosophie und Lebensweise dar, die den Praktizierenden zur meditativen, inneren Schau des eigenen Wesens führen soll und in Vollendung zu einer Vision, wie Gautama Buddha sie vor 2500 Jahren unter dem Bodhi-Baum erlebt hat.

Zen durchdringt nicht nur die japanische Kunst, sondern spiegelt sich auch in der Gestaltung der Gärten, der Teezeremonien und in verschiedenen Sportarten wie dem Bogenschießen wider.

> *Wenn ihr aufgeregt und zerstreut seid*
> *und es schwierig findet,*
> *Achtsamkeit zu üben,*
> *kehrt zum Atem zurück:*
> *sich des Atems bewusst zu werden*
> *ist schon Achtsamkeit.*
> *Der Atem ist das Wundermittel,*
> *mit dem wir unser Bewusstsein*
> *sammeln können.*
>
> Thich Nhat Hanh

Zen und andere buddhistische Richtungen

Es gibt zahlreiche Schulen im Buddhismus, die sich durch ihre Ausrichtung und die Länder, in denen sie praktiziert werden, unterscheiden. Der Zen-Buddhismus zählt zu den bedeutendsten und einflussreichsten Ausprägungen des ostasiatischen Buddhismus. Die japanische Schule des Zen wiederum zeichnet sich vor allem durch ihre Schlichtheit aus. Betritt man japanische Zen-Tempel, so findet man dort häufig wesentlich weniger Buddhastatuen vor als beispielsweise in Tempeln des tibetischen Buddhismus. Eine Gemeinsamkeit, die allen Schulen zu Eigen ist, besteht darin, Erleuchtung oder – anders ausgedrückt – »Selbstwesensschau« zu erlangen. Erleuchtung bedeutet, aus der Dualität hinauszutreten und die Einheit aller Dinge zu erfahren.

Nach dieser Erfahrung streben nicht nur Buddhisten, sondern auch Mystiker aus allen, auch westlichen Traditionen. Der Weg zur Erleuchtung ist innerhalb der verschiedenen Strömungen jedoch unterschiedlich. Während man in einigen buddhistischen Schulen davon ausgeht, dass wirkliche Erleuchtung nur stufenweise und über einen langen Zeitraum erreicht werden kann, glaubt man im japanischen Zen, dass die Erleuchtung auch spontan erfolgen kann.

Auf verschiedenen Wegen Erleuchtung erlangen

In manchen buddhistischen Schulen werden Buddhas Reden gelesen, rezitiert, analysiert oder in Mandalas visualisiert. Sie dienen als Hilfsmittel auf dem Weg zur Selbstwesensschau. Beim Zen hingegen wird im Sinne der Schlichtheit betont, dass man während der Übung, dem so genannten Zazen, nur auf den Boden oder auf eine weiße Wand schaut und sich auf den Atem oder auf ein Koan konzentriert. Bei einem Koan handelt es sich um ein Paradox, welches der Zen-Meister seinem Schüler gibt. Dieser versucht es während der Zazen-Übung zu lösen.

Eines der bekanntesten Koans lautet: »Wie klingt das Klatschen einer Hand?« Das Paradoxe an einem Koan ist, dass es nicht über den Intellekt gelöst werden kann. Es geht vielmehr darum, gerade den Intellekt und

Mandala ist ein Wort aus dem indischen Sanskrit und bedeutet einfach Kreis. Das fremdartige Wort kommt aus einem fernen Land, der damit gemeinte Begriff aber findet sich in allen Religionen und Kulturen als Kreis, Rad, Kranz, Rotation, Umlauf, Reigen oder Tanz.

Beim Zazen – wie bei jeder anderen Form der Meditation auch – kommt es darauf an, das denkende Ich, den Intellekt, weitestgehend auszuschalten und zum innersten Wesenskern, dem einen Ursprung hinter aller sichtbaren Natur zu gelangen.

den Verstand loszulassen. Erst dann kann ein Meditierender die Lösung eines Koans unmittelbar erfahren. Eine genaue Anleitung oder Wegbeschreibung gibt es nicht. Manche Menschen »fallen« plötzlich während eines Zen-Sesshins (ein über mehrere Tage dauerndes intensives Praktizieren von Zazen) in diese Erfahrung.

Zazen – Sitzen in der Aufmerksamkeit

Der volle Lotussitz

Diese Sitzhaltung ist für viele Menschen aus dem Westen die schwierigste. Andererseits ist es aber auch die stabilste Haltung. Durch die Beine und das Gesäß, die wie ein Dreieck eine stabile Einheit bilden, ist man im vollen Lotussitz fest mit dem Boden verankert. Das, was jetzt noch in Bewegung ist und sein sollte, ist der Blutkreislauf und das Herz. Alles andere, nämlich vor allem der Geist und die Gedanken sollten zur Ruhe kommen. Bei dieser Sitzhaltung ruht der linke Fuß auf dem rechten Oberschenkel und der rechte Fuß auf dem linken, so dass die Fersen fast die Leisten berühren. Die Augen sind halb geöffnet und auf einen Punkt in ein bis zwei Meter Entfernung gerichtet.

Der halbe Lotussitz

Der volle Lotussitz ist für viele Europäer nicht nur sehr ungewohnt und anstrengend, sondern meist auch schlicht gar nicht durchführbar. Darum bevorzugen viele den halben Lotussitz. Dabei liegt der linke Fuß auf dem rechten Oberschenkel oder umgekehrt, der rechte Fuß auf dem linken Oberschenkel. Am besten sitzt man auf einem festen Kissen, wodurch eine äußerst stabile Haltung mit aufgerichteter Wirbelsäule entsteht.

Der Diamantsitz

Hier sitzt man rittlings auf zwei aufeinander gelegten Kissen. Dabei zeigen die Füße nach hinten und die Fußsohlen nach oben. Dieser Sitz eignet sich für Menschen, die Schwierigkeiten mit den Knien und Gelenken haben und schlecht im Lotussitz sitzen können.

> *Stiller Atem*
> *Euer Atem sollte leicht, gleichmäßig und fließend sein,*
> *wie ein dünner Wasserlauf im Sand.*
> *So still,*
> *dass die Person neben euch nichts hört.*
> *Der Atem sollte so anmutig dahinfließen wie ein Fluss,*
> *so, wie eine Wasserschlange durchs Wasser gleitet.*
> *Er sollte nicht einer Kette zerklüfteter Berge gleichen*
> *oder dem Galopp eines Pferdes.*
> *Unseren Atem unter Kontrolle zu halten,*
> *heißt Körper und Geist beherrschen.* Thich Nhat Hanh

Sitz auf dem Kniebänkchen

Für Ihre Meditationsübung können Sie als Sitzhaltung auch den Sitz auf einem Kniebänkchen wählen, der mit dem Diamantsitz vergleichbar ist. Die Bänkchen sind in esoterischen Fachgeschäften erhältlich.

Die Handhaltung (Mudra)

Die Handflächen zeigen nach oben. Die Finger der linken Hand ruhen in den Fingern der rechten Hand. Die Daumenspitzen berühren sich leicht. Die Daumen werden in der Höhe des Nabels waagerecht in einem kleinen Abstand vom Bauch gehalten. Mit den Zeigefingern wird ein Oval geformt. Mit diesem Mudra wird das gesamte Universum dargestellt.
Anhand Ihrer Hand- und Armhaltung können Sie im Verlauf der Übung auch den Grad Ihrer Aufmerksamkeit ablesen. Wenn Ihre Hände während der Übung in den Schoß fallen, die Finger sich voneinander lösen oder sich nicht mehr nur die Daumenspitzen berühren, sondern die Daumen aufeinander liegen, sind sie garantiert nicht mehr ganz bei der Sache!
Lassen Sie auch die Arme und Schultern locker fallen, und entspannen Sie den Rücken, um sich dann wieder auf den Atem zu konzentrieren. Die Augen sind während der Übung halb geschlossen und sind auf einen Punkt etwa einen Meter vor Ihnen gerichtet.

»Die Zeit ist kurz. Noch heute kann dich der Tod ereilen. Darum nutze die Zeit.« So lautet eine Zen-Weisheit. Sie will die Praktizierenden zu konstanter Aufmerksamkeit und zum regelmäßigen Üben anhalten.

Die meisten japanischen Tempel sind harmonisch in die sie umgebende Natur integriert und zeigen damit symbolisch die Bedeutung des Spruchs: »Alles in Einem. Eins in Allem.« Natur und Erleuchtung werden nicht als getrennte Dinge gesehen, sondern als Einheit erfahren.

Die Beruhigung des Geistes

Im Lauf der letzten 100 Jahre hat der Zen-Buddhismus sehr viel Interesse in Europa und den USA gefunden. Die Zahl der bei uns angebotenen Zen-Sesshins nimmt immer mehr zu, ebenso wie die Zahl derer, die regelmäßig zu Hause »sitzen«.

Wenn du gehst, dann gehe, wenn du arbeitest, dann arbeite. (Zen-Weisheit)

Sich nicht ablenken lassen

Die Menschen, die damit beginnen, regelmäßig Zazen zu praktizieren, merken bald, wie unruhig der Geist anfangs ist und wie unaufmerksam sie eigentlich durchs Leben hasten. Permanent steigen allerlei Gedanken, Phantasien und Gefühle in uns auf. Kontinuierlich denken wir, und wir wandern mit unseren Gedanken in die Vergangenheit oder in die Zukunft.

Dabei trauern wir vielleicht Situationen nach, oder wir ärgern uns über verpasste Gelegenheiten. Wir schmieden vielleicht Pläne und überlegen uns zukünftige Aktivitäten. Und dabei merken wir nicht, wie uns die Aufmerksamkeit für den Augenblick, für das Hier und Jetzt verloren geht. Vordergründig scheinen uns äußere Dinge zu beschäftigen, aber letztendlich sind wir selbst diejenigen, die immer wieder neue Gedanken produzieren und niemals »richtig abschalten« können. Ständig denken, werten, analysieren und beurteilen wir uns selbst, unsere Mitmenschen, Situationen und Umstände.

Nicht einmal im Schlaf kommen wir richtig zur Ruhe. In Träumen kommen manchmal noch viele unverarbeitete oder verdrängte Gedanken auf, für die wir tagsüber keine Zeit haben, oder die wir vielleicht auch nicht wahrhaben wollen. Dieser unendliche Gedankenstrom scheint keinen Anfang und kein Ende zu haben. Immer werden wir durch unseren Intellekt, durch unsere Ängste, Wünsche und Hoffnungen vom Hier und Jetzt abgelenkt.

Gedanken ziehen lassen

Die Kunst des Zen besteht darin, mehr in eben diesem Hier und Jetzt zu sein und die Dinge, die zu tun sind, mit aller gebührenden Aufmerksamkeit zu erledigen. Alle Gedanken, die in uns aufsteigen, sollten zwar ohne Vorurteil und Bewertung beobachtet und wahrgenommen werden, man sollte jedoch nicht an ihnen haften.

Oftmals kommt ein Gedanke auf, und wir beschäftigen uns mit ihm, ohne es zu merken. So kann man beispielsweise im Lauf einer Meditation mit dem Zählen der Atemzüge beschäftigt sein, während man sich plötzlich an das Fest vom Vorabend erinnert. Man zählt zwar weiter, ist in Gedanken aber so bei dem Fest, dass man schließlich den Faden verliert. Die Gedanken schweifen ab und konzentrieren sich nicht mehr auf die Tätigkeit, die im Moment ausgeübt werden soll.

Beim Zazen kommen Gedanken und Gefühle hoch, aber der Meditierende lässt sie weiterziehen, ohne sie festzuhalten und mit Emotionen zu besetzen. Je weniger Beachtung den Gedanken und Emotionen geschenkt wird, desto schneller vergehen sie wieder. Um diesen Prozess zu unterstützen, gibt es bestimmte Techniken, die die Konzentration erleichtern. Dazu gehört auch das Zählen des Atems.

Einfach zu atmen und zu lächeln,
kann uns sehr glücklich machen;
denn wenn wir bewusst atmen,
finden wir ganz zu uns zurück
und begegnen dem Leben im gegenwärtigen Moment.
(Thich Nhat Hanh)

> *Macht den Atem lang!*
> *In alter Zeit ging ein Ritter*
> *über die Ryohogoku-Brücke*
> *in einem Atemzug.*
> *Ich sah tauchende Fischerfrauen,*
> *die beim Tauchen den Atem*
> *für viele Minuten anhalten konnten.*
> *Und es gibt die Geschichte*
> *von einem Schiffbrüchigen,*
> *der unter Wasser war, bis er nach Tagen*
> *in einem Netz hochgebracht wurde.*
> *Erst dann schöpfte er wieder Atem.*
> *Langer Atem macht stark!*
>
> Zen-Meister Okuda

Leben im Hier und Jetzt

Der Verstand, unsere Gedanken, ist derjenige Teil in uns, der uns die ganze Zeit davon abhält, den Moment bewusst zu leben. Buddhisten bezeichnen den Verstand oftmals als einen Affen, der uns auf der Nase herumtanzt und sich ungern zähmen lässt. Die alten Yogis wählten ein noch krasseres Bild, wenn sie die Gedanken als eine Herde betrunkener Affen bezeichneten, über die wir keinerlei Kontrolle haben. Sinn und Zweck der Meditation ist es, zur Ruhe zu kommen, diesen Mechanismus zu durchschauen, um zu einem bewussten Umgang mit dem Verstand und all den Gedanken, die er produziert, zu gelangen.

Ein Mönch fragte den Zen-Meister: »Zeig mir den Weg ohne Worte.« Sprach der Meister: »Frage mich ohne Worte!«

Meister Ikkyu und der Mönch

Das Sitzen in der Stille soll uns immer mehr dazu befähigen, in jedem Augenblick mit größtmöglicher Aufmerksamkeit bei dem zu sein, was wir gerade tun: »Tue das, was du tust, während du es tust.« Darum geht es: in der Stille sitzen, nicht mehr und nicht weniger.

Dies verdeutlicht auch die folgende kleine Geschichte: Eines Morgens kam ein junger Mann, der gerne als Mönch in ein Kloster eintreten wollte, zu Meister Ikkyu: »Meister, könnt Ihr mir bitte die Grundlagen von Zen aufschreiben, die es zu beachten gilt?« Meister Ikkyu lächelte freundlich, griff zu Pinsel und Papier und schrieb darauf: »Aufmerksamkeit.«

Der Jüngling war erstaunt und fragte weiter: »Ist das alles? Wollt ihr nicht noch etwas hinzufügen?« Der Meister nahm erneut Pinsel und Papier und schrieb: »Aufmerksamkeit, Aufmerksamkeit.«

Als der junge Mann diese beiden Worte las, wurde er etwas gereizt und fühlte sich auf den Arm genommen: »Nun«, fuhr er den Meister leicht erregt an, »ich kann darin leider nicht viel Tiefsinniges erkennen.« Der Meister lächelte wieder, nahm den Pinsel und das Papier erneut zu sich, schrieb etwas und reichte es dem jungen Mann wieder zurück: »Aufmerksamkeit, Aufmerksamkeit, Aufmerksamkeit.« Nun wurde der Mann etwas aufmerksamer und fragte Meister Ikkyu: »Was bedeutet dieses Wort ›Aufmerksamkeit‹?« Und Meister Ikkyu lächelte verschmitzt und trotzdem sanft: »Aufmerksamkeit bedeutet Aufmerksamkeit.«

Anleitung durch einen Lehrer

Um herauszufinden, ob Ihnen die Art der Meditation, wie sie im Zen praktiziert wird, liegt, sollten Sie sich am besten von einer geschulten Zen-Lehrerin oder einem geschulten Zen-Lehrer anleiten lassen, bevor Sie allein üben. Das regelmäßige Üben in einer Gruppe unterstützt Sie auf Ihrem Weg. Es empfiehlt sich, Zazen immer am gleichen Ort und zur gleichen Zeit auszuüben. Gerade, wenn man mit dem Sitzen anfängt, ist Regelmäßigkeit und die Struktur, die durch Raum und Zeit vorgegeben ist, hilfreich. Denn auch hier gilt: Aller Anfang ist schwer!

Der richtige Ort

Finden Sie einen Raum oder einen Platz, der ruhig ist und an dem Sie ungestört meditieren können, ohne von Familienangehörigen oder vom Telefon gestört zu werden. Legen Sie eine Decke und ein Meditationskis-

Eine Welt in einem Sandkorn sehen und einen Himmel in einer wilden Blume, die Unendlichkeit in der Hand halten und die Ewigkeit in einer Stunde. (William Blake)

sen auf den Boden. Sie können aber auch ein Mediationsbänkchen (siehe Seite 53) verwenden oder aufrecht, ohne sich anzulehnen, auf einem Stuhl sitzen. Wenn Sie das Sitzen auf einem Stuhl oder Hocker bevorzugen, achten Sie darauf, dass beide Füße am Boden sind. Es ist ratsam, bequeme Kleidung zu tragen, vor allem keine beengenden Kleidungsstücke um die Leibmitte. Uhren und Schmuck sollten ebenfalls abgelegt werden, um jegliche Ablenkung zu vermeiden.

Wenn Sie einen bestimmten Meditationsplatz in Ihrem Zimmer haben, so unterstützt es die Atmosphäre, wenn Sie eine Kerze anzünden, oder – wenn Sie es vertragen – eine Duftlampe oder ein Räucherstäbchen brennen lassen. Die äußeren Umstände sollen unterstützend wirken, aber nicht den Mittelpunkt der Übung bilden. Es ist also nicht notwendig, irgendeine Form von Altar aufzubauen.

> Bedenke: Ein Stück des Weges liegt hinter dir, ein anderes Stück hast du noch vor dir. Wenn du verweilst, dann nur, um dich zu stärken, nicht aber, um aufzugeben. (Aurelius Augustinus)

Einige Grundregeln

Besonders wichtig ist es, dass Sie so still wie möglich sitzen, d. h., bewegen Sie sich nach Möglichkeit nicht. Still zu sitzen ist deswegen wichtig, damit Sie lernen können zu beobachten, was in Ihnen geschieht, wenn Sie von äußeren Dingen nicht abgelenkt werden.

Sollte Ihnen beim Sitzen plötzlich der Fuß oder der Kopf jucken, geben Sie dem Bewegungsimpuls (Kratzen) nicht nach. Richten Sie stattdessen Ihre gesamte Aufmerksamkeit auf den Atem. Durch die Aufmerksamkeit, die im Lauf der Übung entsteht, wird sich Ihre Konzentrationskraft erheblich verbessern.

Durch Zazen kommen Sie vielleicht zum ersten Mal überhaupt auf Tuchfühlung damit, wie unkonzentriert Ihr Geist ist. Die Fähigkeit, ihn immer wieder zum Atem zurückzuholen, nimmt mit regelmäßiger Übung zu. Die eigene Bewusstheit wird dahingehend gesteigert zu registrieren, wie die Gedankenstrukturen verlaufen und wie es gelingen kann, den Geist mehr und mehr zur Ruhe zu bringen.

Wählen Sie eine Sitzhaltung, in der Sie zunächst 10 bis 15 Minuten verweilen können, ohne sich zu bewegen. Beobachten Sie sich dabei, und stellen Sie sich die folgenden Fragen:

- Wie fühlt sich der Atem an?
- Wo spüren Sie die Bewegung des Einatems?
- Wo spüren Sie die Bewegung des Ausatems?
- Wie ist Ihre Haltung?
- Spüren Sie irgendwo im Körper Spannung?
- Welche Gedanken kommen?

Sitzen Sie so aufrecht wie möglich. Eine aufrechte Sitzhaltung ist die beste Möglichkeit, Achtsamkeit und eine aufrechte Körperhaltung zu erlernen. Durch die regelmäßige Meditationspraxis kann sich der Rücken wieder strecken, und die gesamte Haltung wird aufrechter.

Natürlich wird es passieren, dass Sie an manchen Tagen müde und lustlos in die Übung hineingehen. Das wird sich auch in Ihrer äußeren Haltung niederschlagen. Aber auch hier lohnt sich die regelmäßige Praxis. Ihr Rücken wird es Ihnen danken, wenn Sie ihn immer wieder in eine aufrechte Position zurückbringen.

Zen – die Kunst anzunehmen, was ist

Wie bereits erwähnt, können während der Meditation allerlei Gedanken, Gefühle und Phantasien entstehen. Diese Gedanken sind vielleicht interessant, langweilig, erschreckend oder auch einfach nur ungewohnt. Die Übung des Zazen besteht darin, alle Gedanken und Gefühle, die auftauchen, zu beobachten, ohne sie zu bewerten oder ihnen nachzugehen. Gedanken und Gefühle entstehen. Wenn wir ihnen jedoch keine Aufmerksamkeit schenken, vergehen sie auch wieder.

Im Zen wird häufig mit dem Bild des Spiegels gearbeitet. Einen Spiegel interessiert es nicht, wer in ihn hineinblickt, sei es ein hässlicher oder ein schöner Mensch, ein Heiliger oder ein Teufel. Der Spiegel nimmt die Dinge, wie sie sind. Es geht also nicht darum, die Dinge zu bewerten oder zu analysieren, sondern sie in ihrer Eigen- und Einzigartigkeit, in ihrem »So-Sein« zu akzeptieren.

Um diese Übung zu vollziehen, wird im Zen ein wichtiges Hilfsmittel benutzt, das Beobachten und Zählen des Atems. Dabei werden die Atembewegungen im Körper beobachtet. Man kann z. B. erspüren, wie die

Atem ist Leben,
wie können wir uns also
dem Leben verpflichten,
ohne wach zu sein für
Atem?
(Reshad Feild)

59

Atemluft durch die Nase ein- und wieder ausströmt. Nach einiger Zeit sensibilisiert sich die Wahrnehmung, und die unterschiedlichen Atemräume werden feiner wahrgenommen.

Zwischen dem Ein- und dem Ausatmen sowie zwischen dem Aus- und dem Einatmen können Pausen entstehen. Nehmen Sie den Atem genauso wahr wie Ihre Gedanken: Greifen Sie nicht in den Atem ein, versuchen Sie nicht, ihn zu ändern. Seien Sie aufmerksam, ohne gleich handeln zu wollen. Stellen Sie einfach fest: Jetzt atme ich langsam. Jetzt atme ich tief. Es ist, wie es ist.

> Das wahre Wunder besteht nicht darin, auf dem Wasser zu wandeln, sondern auf der Erde zu gehen.
> (Thich Nhat Hanh)

Auf die Atemzüge konzentrieren

Für die meisten Menschen, die mit Meditation noch keine Erfahrung haben, ist das reine Beobachten des Atems sehr schwierig. Häufig driftet man gedanklich sehr schnell ab. Darum dient das Zählen des Atems als Unterstützung. Für die meisten Menschen im Westen, die im Allgemeinen eine stärkere Einatmung als Ausatmung haben, ist es sinnvoll, den Ausatem zu zählen.

Zählübung

Dabei können Sie folgendermaßen vorgehen. Nach jeder Ausatmung lassen Sie sozusagen eine Zahl fallen, wie einen Wassertropfen. Sie beginnen bei eins und enden bei zehn. Gerade wenn Sie noch wenig Erfahrung mit dem Sitzen in der Stille haben, kann es sein, dass Sie es gar nicht bis zehn schaffen, weil schon vorher Gedanken stören. Beginnen Sie dann wieder bei eins.

Setzen Sie sich nicht unter Druck

Es geht bei dieser Übung nicht um Leistung. Es geht darum, dass Sie das, was Sie tun, mit der größtmöglichen Aufmerksamkeit tun. Das spüren Sie daran, wenn Sie das Gefühl bekommen, mit dem Zählen zu verschmelzen. Dann vollziehen Sie die Übung richtig. Denn es geht um nichts anderes, als darum, den Atem wahrzunehmen.

Die Dauer der Übung kann variieren. Sie kann bis zu 25 Minuten betragen. Um sich erst einmal an die ungewohnte Sitzhaltung und an das Zählen zu gewöhnen, ist es sinnvoll, in Zyklen von 10 Minuten zu beginnen. Sie können sich einen kleinen Timer stellen, der nach 10 Minuten ein akustisches Signal gibt.

Strecken und dehnen Sie sich in der Pause, massieren Sie sich kurz den Hinterkopf, die Beine. Wenn Sie sich mit der Zeit an das Zählen gewöhnt haben, ist es sinnvoll, den Zyklus in 2 Atemperioden zu je 15 Minuten zu teilen. Länger als 25 Minuten hintereinander sollten Sie die Übung nicht durchführen.

Die Kunst der Meditation

Bei der Ausübung von Zazen handelt es sich um eine Kunst, die Ihnen helfen wird, wach, aufmerksam und achtsam durchs Leben zu gehen. Auch wenn Sie im Lauf der Zeit viele wichtige Einsichten haben, sollten Sie weiter meditieren. Auch noch nach ihrer vollkommenen Erleuchtung bleiben Zen-Meister jahrelang bei ihrem eigenen Meister und vollziehen weiter täglich ihre Meditationen.

Der Atem ist der Atem der Gnade Gottes, und dieser Atem ist es, der die Seele zum Leben erweckt. Solange die Seele nicht von Bewusstsein belebt ist, gleicht sie dem Vogel, der noch nicht flügge ist. (Sufi-Weisheit)

Durch die Meditation – wie z. B. in dieser japanischen Meditationshalle – verschließt der Meditierende sich seiner Umwelt nicht. Im Gegenteil: Durch sie ist Wachheit und Achtsamkeit oft erst möglich.

61

Die Taoisten und der Atem

Die uralte chinesische Kultur hat in ihrer Blütezeit auch die hohe Philosophie des Taoismus hervorgebracht.

Die Lebensenergie Chi

In zahlreichen Kulturen wird der Atem als Möglichkeit angesehen, mit einer höheren Lebenskraft in Verbindung zu treten. Die von den Indern als Prana und von den Griechen als Pneuma bezeichnete Energie trägt in China – und damit auch in der Philosophie des Taoismus – den Namen »Chi«. Durch ein bewusstes und natürliches Atmen können wir mit dieser Lebenskraft eine Verbindung herstellen und sie in jede Zelle unseres Körpers aufnehmen.

Obwohl die Lebensenergie Chi nicht mess- und auch nicht sichtbar ist, wird ihre Existenz nicht angezweifelt. Taoistische Meister, die seit Jahrtausenden mit eben dieser Kraft arbeiten, gehen davon aus, dass sie sich jeder Mensch zu Eigen machen kann, um damit sein körperliches und seelisches Wohlbefinden zu steigern.

Im Lauf der letzten zwei Jahrzehnte haben Untersuchungen an chinesischen Universitäten gezeigt, dass sich die Lebensenergie Chi positiv auf die unterschiedlichsten Substanzen und Stoffe auswirken kann; vom relativ einfach gebauten Kristall bis hin zum komplizierten menschlichen Immunsystem.

Das Grundprinzip des Taoismus besagt, dass die universelle Lebensenergie Chi den ganzen Körper und ebenfalls den ihn umgebenden Raum durchdringt. Der Mensch ist gesund, wenn das Chi ausgeglichen und harmonisch fließt.

Die drei Schätze

Die Taoisten haben sich in ihren Studien über Jahrtausende hinweg auch sehr intensiv mit den Wechselwirkungen zwischen Körper und Geist und zwischen Mikro- und Makroorganismus beschäftigt. Durch ihre Untersuchungen und Erfahrungen sind sie zu dem Schluss gekommen, dass das

> *Natürliche Atmung wirkt sich förderlich*
> *auf die gesamte Gesundheit aus.*
> *Sie verbessert die Funktion und Leistungsfähigkeit von*
> *Herz, Lunge und anderen Organen und Körpersystemen.*
> *Sie fördert unsere emotionale Ausgeglichenheit*
> *und versetzt uns in die Lage,*
> *Stress und eine negative innere Einstellung*
> *in Lebenskraft umzuwandeln,*
> *die wir uns für Selbstheilung und Selbstentfaltung*
> *zunutze machen können.*
> *Und nicht zuletzt wächst mit dem natürlichen Atem unsere Fähigkeit,*
> *die Lebensenergie freizusetzen*
> *und in uns aufzunehmen,*
> *die wir für unsere geistige Entwicklung*
> *und seelische Unabhängigkeit so dringend brauchen.*
>
> Meister Mantak Chia

Wenn das Chi frei und üppig kreist, dann werden im Schnee die Blumen blühen. (Chinesisches Sprichwort)

menschliche Wohlergehen von drei Hauptkräften abhängt. Es wird maßgeblich beeinflusst von der Kraft der Erde, der kosmischen Kraft (die feinstoffliche Energie der Natur) und von der Kraft des Universums (die Kraft der Gestirne). Je freier diese drei Kräfte fließen können, umso reiner manifestieren sie sich im menschlichen Körper. Dort wiederum nehmen sie die Form von unterschiedlichen Energien an, die von den Taoisten auch als die drei Schätze bezeichnet werden. Sie manifestieren sich als Ching (als Sexualessenz), als die bereits erwähnte Lebensenergie Chi und als Shen (als geistige Essenz).

Diese Energien beziehen wir – dies lehrt Mantak Chia, ein taoistischer Meister – aus unterschiedlichen Quellen. Zum einen von unseren Eltern, zum anderen aus der Nahrung, die wir zu uns nehmen, und schließlich auch aus der Luft, die wir einatmen.

Ohne es bewusst zu realisieren, nehmen wir diese Kräfte aus der Natur, der Erde und der Luft über die Haut, die Chakras (Energiezentren im Körper) und andere Energiequellen im Körper auf.

Die Konstitution, die überwiegend erblich bedingt ist, bestimmt das Maß an Energie in unserem Leben. Mit einer gesunden, ausgeglichenen Lebensweise kann man das Beste aus dieser angeborenen Konstitution machen.

Die Sexualessenz Ching

Bei den taoistischen Übungen geht es darum, sich eben diese Energien zunutze zu machen, indem man sie umwandelt – die sexuelle Energie Ching beispielsweise soll dabei in vitale Lebensenergie umgewandelt werden. Die Energie also, die häufig in zahllose unglückliche Liebesabenteuer investiert wird, soll fokussiert werden und zum Erleben einer spirituellen Entwicklung führen, die dem Menschen wohltuende Ruhe und Entspannung bringt.

Die drei Tan-t'ien sind die drei Zentren im Körper, in denen Energie gesammelt wird. Wenn sie durch Atemübungen angeregt werden, wird die Aufnahme von Chi und die Funktionen des Blutkreislaufs verbessert.

Die Hauptenergiezentren im Körper

Diese Umwandlung findet an drei verschiedenen Orten im Körper statt, den so genannten Hauptenergiezentren, den Tan-t'ien, die sich im Bereich des Gehirns, des Sonnengeflechts und des Unterbauchs befinden. Übersetzt bedeutet Tan-t'ien Zinnoberfeld. Tan bezeichnet auch die beste Qualität, das Erlesenste. Alte Quellen berichten davon, dass viele lebensverlängernde Essenzen Zinnober enthielten. Wie so häufig im Verlauf der Geschichte konnte das normale Volk dieses Mittel nicht erwerben. Nur hohen Beamten, dem Kaiser und Medizinern war es möglich, dieses Elixier zu genießen. Des Weiteren steht der Begriff »Tan« für eine energieaufgeladene Kugel. Mit t'ien wird das Energiefeld bezeichnet, bzw. der Ort, an dem sich die Energie selbst befindet. Von hier aus gelangt die umgewandelte Energie durch verschiedene Leitbahnen, die Meridiane, zu sämtlichen Organen des Körpers. Bei den Meridianen handelt es sich um nicht sichtbare Energiebahnen, die mit den physischen Nervenbahnen vergleichbar sind und in der traditionellen chinesischen Medizin eine große Rolle spielen.

Alle Funktionen des Lebens basieren auf Chi.
Dass es vier Jahreszeiten gibt und dass die 10 000 Wesen entstehen können, dies alles bedarf des Chi.
Das menschliche Leben beruht auf Chi.

Zhang Jingyue, chinesischer Arzt aus der Ming-Zeit

Die ererbte Lebensenergie Chi

Eine wichtige Form der Energie ist das Chi, mit dem wir geboren werden. Es beinhaltet die Energie aus der sexuellen Vereinigung unserer Eltern und wird deshalb auch als ererbtes Chi bezeichnet.

Es befindet sich hauptsächlich im unteren Tan-t'ien, das im Unterbauch angesiedelt ist. Das ererbte Chi wird auch die Hauptspeicherbatterie des Körpers genannt, die dem Menschen die Kraft liefert, die benötigt wird, um beispielsweise die Kalorien der Nahrung zu verbrennen und diese in Energie umzuwandeln.

Jeder Mensch kann im Lauf seines Lebens über ein bestimmtes Potenzial an Chi verfügen. Das ererbte Chi äußert sich u. a. in der psychischen und physischen Konstitution, in den individuellen Anlagen und in der persönlichen Begabung. Wer mit einem schwachen Anteil an Chi ausgestattet ist, sollte seine Kräfte dementsprechend bewusst einsetzen und damit haushalten.

Fehlende Energie führt zu Stimmungsschwankungen

Die Taoisten gehen davon aus, dass ein ausreichender Energievorrat im unteren Tan-ti'en die Umwandlung der anderen Energien erleichtert. Er zieht Energien von außen an und transformiert sie. Je bewusster man sich dieses Energievorrats ist, desto ausgeglichener fühlt man sich. Es entsteht das Gefühl, in der eigenen Mitte zu sein.

Herrscht andererseits ein Energiestau oder sind die Energien nicht ausreichend vorhanden, fühlt man sich in der Regel unausgeglichen und niedergeschlagen. Man wird leichter unzufrieden, kritischer sich selbst und anderen Menschen gegenüber und ist generell im Ungleichgewicht. In einem solchen Stadium vergeudet man seine Energie schnell durch Stress, Tagträumerei, übermäßige sexuelle Aktivität und unnötigen Kummer. Zwar wird der Vorrat an der Lebensenergie Chi durch Nahrung und Atmung wieder aufgefüllt, er leert sich jedoch auch dementsprechend schnell wieder, und das ererbte Chi erschöpft sich außerdem mit zunehmendem Alter wesentlich schneller.

Chi ist so klein,
dass es nicht teilbar ist
und keinen Inhalt mehr
hat, und so groß,
dass es keine Grenze
besitzt.
(Chinesische Weisheit)

Chi ist das aktive Prinzip,
das sich aus der Dynamik
zwischen Yin und Yang
ergibt. Yin und Yang
bilden als Gegensatzpaar
die Grundlage allen
Seins. Sie symbolisieren
die Polarität, wie sie sich
uns im Alltag offenbart.

Mit der Bauchatmung die Gesundheit fördern

Taoistische Atemübungen dienen dazu, gezielter mit der Energie umzugehen und die Batterien bewusster wieder aufzuladen. Diese Aufladung erfolgt anhand solcher Atemübungen, bei denen die Konzentration auf den Bauchraum gelegt wird. Dabei dehnt sich beim Einatmen der Bauch, der Lendenwirbelbereich und der Bauchraum, und beim Ausatmen zieht er sich wieder zusammen. Diese Form der Atmung hat neben einer Massage der inneren Organe zusätzlich den Effekt, dass es zu einer erhöhten Zufuhr von Chi in den Bauchregionen kommt. Des Weiteren regt die Bauchatmung die Hormonproduktion und die Durchblutung an und entlastet das Herz.

In den chinesischen Lehren heißt es: »Wenn Chi zusammenströmt, entsteht ein Körper; wenn es sich zerstreut, stirbt der Körper.« Chi ist die Lebenskraft, die Körper, Geist und Seele durchdringt.

Vollführen Sie die folgenden Übungen, die von Dennis Lewis, einem Schüler des taoistischen Meisters Mantak Chia entwickelt wurden, wieder möglichst locker, unverkrampt und bewusst. Zwingen Sie sich nicht, und lassen Sie sich Zeit.

Lockerung des Bauchraums

Stellen Sie sich aufrecht hin. Die Füße stehen dabei hüftbreit auseinander. Konzentrieren Sie sich auf Ihren Atem, und nehmen Sie ihn wahr, ohne ihn zu verändern.

Wenn Sie das Gefühl haben, dass Sie konzentriert sind, atmen Sie durch die Nase ein, und stellen Sie sich dabei vor, dass die eingeatmete Luft durch einen langen, schmalen Schlauch in einen Luftballon strömt, der sich in Ihrem Bauchraum hinter dem Nabel befindet. Je mehr Luft Sie einatmen, desto mehr dehnt sich der Ballon und somit auch Ihr Bauchraum. Beim Ausatmen strömt die Luft wieder durch den Schlauch aus, und auch der Ballon zieht sich wieder zusammen. Diese Übung lockert das Gewebe und die Bauchmuskeln; durch die Bewegung des Zwerchfells kommt es zu einer Massage der inneren Organe.

Sollten Sie noch kein Gefühl für Ihr Zwerchfell, den wichtigsten Atemmuskel haben, können Sie im Anschluss noch eine weitere Übung machen, die Sie mit dem Zwerchfell in Kontakt bringt.

Das Zwerchfell erspüren

Der imaginäre Ballon

Legen Sie sich entspannt auf den Rücken. Stellen Sie die Beine auf und die Füße parallel auf den Boden. Die Arme liegen locker neben dem Körper. Atmen Sie nun wie bei der vorherigen Übung mit der Vorstellung ein, dass die durch die Nase eingeatmete Luft durch einen Schlauch in einen Ballon gelangt, der im Bauchraum ist. Blasen Sie den Ballon so weit wie möglich auf (aber auch hier wieder ohne Zwang!), und halten Sie die Luft an. Dabei ist darauf zu achten, dass keine Luft durch die Nase oder den Mund entweicht.

Schieben Sie den imaginären Ballon nun ein Stück nach oben zum Brustraum, ohne dabei auszuatmen. Drücken Sie den Ballon anschließend ganz sachte und langsam wieder nach unten in den Bauchraum. Wenn Ihnen dies gelingt, wiederholen Sie den Vorgang, und schieben Sie den Ballon ein zweites Mal vor und zurück. Beobachten Sie, ob Sie Ihr Zwerchfell spüren, wenn Sie den Ballon in den Bauch zurückschieben.

Atmen Sie langsam aus, und ruhen Sie sich einige Minuten aus. Bleiben Sie entspannt auf dem Rücken liegen, und spüren Sie dabei Ihrem Atem nach. Hat sich eine Veränderung eingestellt? Konnten Sie Ihr Zwerchfell spüren?

Sie können die Übung noch 2- bis 3-mal wiederholen. Machen Sie jedoch nach jedem Zyklus eine Pause, und spüren Sie nach, ob und wie sich die Atmung verändert hat und ob Sie das Zwerchfell oder vielleicht die einzelnen Organe bewusster wahrnehmen.

Nehmen Sie sich zu allen Übungen Zeit, und lassen Sie sich nicht stören. Üben Sie sooft wie möglich in der freien Natur, denn natürliche Energie ist von großem Nutzen.

Wirkung der Übung

- Massage der inneren Organe
- Erhöhte Zufuhr von Chi in der Bauchregion
- Anregung der Hormonproduktion und Durchblutung
- Entlastung des Herzes
- Öffnung des Bauchraums

> *Gelange zur äußersten Leere.*
> *Bewahre höchste Gelassenheit.*
> *Die zehntausend Dinge bersten ins Leben,*
> *während ich ihre Rückkehr beobachte.*
> *Alles Lebendige kehrt zu seinen Wurzeln*
> *zurück und erreicht Gelassenheit.*
> *Das heißt zur Bestimmung zurückkehren.*
>
> Lao Tse, »Tao Te King«

Auch an dieser Übung zeigt sich, dass es wie bei vielen Übungen sehr stark um die bewusste Wahrnehmung des eigenen Körpers geht. Versuchen Sie, Ihre Gedanken während der Übung abzuschalten, ganz bewusst im Hier und Jetzt zu verweilen und jeden Atemzug wahrzunehmen. Manchmal ist es hilfreich, sich vorzustellen, dass es der allerletzte Atemzug in Ihrem Leben ist, den Sie jetzt vollziehen werden. Dann entsteht möglicherweise eine erhöhte Konzentration.

Sitz der Sexualessenz

Die folgende Übung dient dazu, den Raum zu erspüren, wo sich die Sexualessenz befindet. Die Taoisten bezeichnen diesen Bereich im unteren Bauch auf der Höhe des zweiten und dritten Lendenwirbels als Mingmen oder Tor des Lebens. Im Yoga wird diesem Bereich das zweite Chakra, das Sexualchakra zugeordnet. Für das allgemeine körperliche und seelische Wohlbefinden ist es wichtig, diese Region warm zu halten. Dadurch werden auch die Nieren geschützt, die dieses Gebiet umschließen.

Massage der Lendenwirbel

Öffnung des »Tors des Lebens«

Stellen Sie sich aufrecht hin. Die Beine sind dabei hüftbreit auseinander und der Rücken aufrecht. Sammeln Sie sich zunächst für diese Übung. Atmen Sie dazu einige Male bewusst in den Unterbauch ein und aus. Um eine natürliche, aufrechte Haltung zu erreichen, stellen Sie sich vor, wie

Wenn die Sexualität in Harmonie ausgelebt wird, d.h., wenn weder ein exzessives Liebesleben noch eine lang anhaltende Enthaltsamkeit vorherrschen, ist sie für die Lebensenergie eine wichtige Quelle.

Ihr Bauchnabel erst ein Stück nach innen und dann nach oben gezogen wird. Der Körper streckt sich, und Sie erhalten eine natürliche aufrechte Haltung.

Legen Sie die Hände beidseitig auf den unteren Rücken, etwa auf der Höhe des Bauchnabels. Ihre Fingerkuppen berühren dabei die Wirbelsäule. Stellen Sie sich vor, wie Sie durch die Nase frische Luft und aufbauendes Chi einatmen und wie Sie damit durch den imaginären Schlauch den Ballon in Ihrem Bauchraum füllen.

Der imaginäre Ballon drückt während der Übung beim Einatmen gegen Ihr Rückgrat und damit gleichzeitig auch Ihren Rücken nach außen. Beim Ausatmen wird der Lendenwirbelbereich wieder in seine ursprüngliche Position gebracht. Atmen Sie mehrere Minuten mit der Vorstellung, dass Ihre Lendenwirbel wohltuend massiert werden und Ihr Rücken nach außen gedrückt wird.

Erweiterung in die Hockstellung

Versuchen Sie, langsam in die Hocke zu gehen, um die Bewegungen im Lendenwirbelbereich genau zu erspüren. Wenn Sie in der Hocke sind, lassen Sie die Arme locker fallen. Die Hockstellung ist im Allgemeinen sehr förderlich für die Gesundheit und trägt insbesondere zur Dehnung des unteren Rückens bei.

Die Hockstellung reinigt und kräftigt die Nieren und führt sowohl zur Lockerung der Muskeln an der Lendenwirbelsäule als auch der Muskeln im unteren Bereich des Zwerchfells, das am Ansatz der Lendenwirbelsäule fixiert ist.

Regelmäßige Atemübungen führen zur Harmonie aller Kräfte von Körper, Geist und Seele. Die Übungen helfen, Stress zu bewältigen und zu innerer Ruhe und Ausgeglichenheit zu finden.

Wirkung der Übung

- **Reinigung und Kräftigung der Nieren**
- **Dehnung des unteren Rückens**
- **Lockerung der Muskeln im Bereich der Lendenwirbelsäule**
- **Lockerung des Zwerchfells**

Der Legende nach ist Lao Tse, der Begründer des Taoismus, von einem Lichtstrahl gezeugt worden; bereits bei seiner Geburt sei der Philosoph des Sprechens mächtig gewesen.

Wenn Ihnen diese Stellung Probleme bereitet, kehren Sie in Ihre Ausgangsstellung zurück, und spüren Sie noch einige Atemzüge lang nach. Im Lauf der Zeit werden Sie auch hier in Ihrer Wahrnehmung sensibler und schneller erspüren, wie sich der untere Rücken dehnt und wie sich die Muskeln des Zwerchfells lockern.

Das so genannte Sonnengeflecht (der Solarplexus) ist ein hoch sensibles Nervengeflecht, das sich unterhalb des Brustbeins befindet.

Erworbenes Chi

Das Chi, das wir über Nahrung, Luft oder Wasser zu uns nehmen, wird als erworbenes Chi bezeichnet. Im Gegensatz zum ererbten Chi erhalten wir diese Energie von außen. Sie dient der Aufrechterhaltung unserer körperlichen und geistigen Funktionen.

Das Zentrum dieser Energie ist das mittlere Tan-t'ien, das im Bereich des Sonnengeflechts (Solarplexus) liegt. Dies ist auch das Zentrum unserer Emotionen. Taoistische Meister gehen davon aus, dass die Qualität des erworbenen Chi zum Teil von der Qualität der eingeatmeten Luft und der Nahrung bestimmt wird, die wir zu uns nehmen. Aus diesem Grund legen die Taoisten nicht nur Wert auf eine gute Ernährung, sondern auch auf eine bewusste Atmung.

Ungestörter Fluss der Energien

Neben einer Zufuhr von frischem Sauerstoff hat bewusste und natürliche Atmung auch den Vorteil, dass sie die Durchblutung fördert, die Darmtätigkeit anregt und die Resorption von Nährstoffen begünstigt. Dadurch übt die Atmung einen nicht zu unterschätzenden Einfluss auf die Verdauung aus. Des Weiteren können Atemübungen psychische Blockaden lösen und dafür sorgen, dass die Energien wieder ungehindert durch den Körper fließen können. Störungen der Atmung können zu übersteigerter Nervosität und zu ständigem Druck führen, dem man sich nicht gewachsen fühlt. Ist der Atemfluss unterbrochen, fühlt man sich schnell missverstanden und ungeliebt und hat auch gleichzeitig Schwierigkeiten, die eigenen Gefühle zu zeigen.

Stimmungen besser wahrnehmen

Durch eine langsame, tiefe und anhaltende Bauchatmung kann eine intensivere Wahrnehmung von Energien aus der Erde und dem Himmel bis hin zum ganzen Universum entwickelt werden.

Durch die Bauchatmung wird auch das parasympathische Nervensystem aktiviert, was zur Beruhigung von Körper und Geist führt. Wenn wir selbst in Ruhe sind, können wir neben den eigenen Stimmungen auch äußere Energien schneller wahrnehmen, Energien, die wir anderenfalls nicht so intensiv erspüren würden. Es findet eine Sensibilisierung statt, die uns hilft, uns selbst und unsere Stimmungen sowie die unterschiedlichen Schwingungen der Außenwelt zu registrieren. Damit ist auch die Möglichkeit gegeben, schneller auf äußere Einflüsse reagieren zu können.

Bei jeder Übung ist die richtige Haltung wichtig. Prüfen Sie, ob Sie in der eingenommenen Haltung leicht und frei atmen und später den Körper völlig vergessen können. Fühlen Sie sich noch nicht ganz in der richtigen Haltung, dann verändern Sie diese ein wenig.

> *Der Reinen Atem aber*
> *geht tief und schwer,*
> *der Unreinen Atem*
> *ist flach*
> *und sitzt in der Kehle.*
>
> Tschuang Tse

Expansion und Kontraktion der Energiekugel

Öffnung des Sonnengeflechts

Stellen Sie sich ruhig hin, und versuchen Sie wieder als erstes, sich so gut wie möglich zu zentrieren. Stellen Sie sich vor, wie eine Verbindung zwischen Ihnen und der Erde entsteht und wie Ihnen tiefe Wurzeln in den Boden wachsen.

Nehmen Sie nun Ihren Atem einige Minuten lang bewusst wahr, ohne ihn dabei zu verändern. Legen Sie beide Hände auf den Unterbauch, und versuchen Sie, einen Kontakt zwischen den Händen und dem Bauch herzustellen. Stellen Sie sich dabei vor, wie sich eine Energiekugel beim Einatmen ausdehnt und beim Ausatmen wieder zusammenzieht. Beim Einatmen wandert die Energiekugel langsam vom Unterbauch oder vom Nabel in Richtung Brustraum; beim Ausatmen wandert sie wieder nach unten.

> Wenn Sie während oder nach den Atemübungen an Kopfschmerzen, Leibschmerzen oder einem unangenehmen Gefühl im Brustkorb leiden, kann es sein, dass Sie eine Übung zu lange gemacht haben. In diesem Fall verkürzen Sie die Übungszeit.

Übungserweiterung

Wenn Sie diese Übung entspannt und trotzdem aufmerksam durchführen, wird sich Ihre Atmung ganz von selbst verlangsamen und ein angenehmes Gefühl in der Gegend des Solarplexus entstehen.

Während Sie Ihre Hände immer noch auf den Bereich des Solarplexus halten, neigen Sie sich aus der Taille heraus etwas nach vorn. Spüren Sie dabei eine Veränderung in Ihrer Atmung?

Wirkung der Übung

- **Intensivere Wahrnehmung der eigenen sowie fremder Energien**
- **Anregung der Darmtätigkeit**
- **Anregung der Resorption von Nährstoffen**
- **Lösung psychischer Blockaden**
- **Aktivierung des Parasympathikus, führt zur Beruhigung von Körper und Geist**

> *Das eigene begrenzte Bewusstsein zu erkennen*
> *und sich davon zu befreien,*
> *ist der erste Schritt auf dem Weg,*
> *sich für die gewaltigen Heilkräfte und Energien zu öffnen,*
> *die Leben schaffen und erhalten.*
>
> *Begrenztes Bewusstsein erweitern heißt zu erfahren,*
> *wie sich die alchemistischen Substanzen der Materie*
> *und die magische Kraft des Geistes in dem sich ergänzenden,*
> *Veränderung hervorbringenden Zusammenspiel*
> *von Yin und Yang zusammenschließen –*
> *in der dynamischen Polariät von Gegensätzen,*
> *die alles Leben hervorbringt.*
>
> Dennis Lewis

Beugen Sie sich nun wiederholt langsam und aufmerksam nach vorn, und achten Sie dabei auf Ihre Atmung und auf Ihr Sonnengeflecht. Wichtig ist, dass es sich spürbar mit jedem Einatem ausdehnt und mit jedem Ausatem wieder zusammenzieht. Diese Übung können Sie ruhig mehrere Male wiederholen.

Die geistige Essenz Shen

Nachdem in den vorherigen Übungen die ersten beiden Schätze, das Ching (Sexualessenz) und das Chi (Lebensenergie) angesprochen wurden, widmet sich der folgende Teil dem Shen (geistige Essenz).

Normalerweise wird Shen mit Geist übersetzt. Unter Shen kann aber auch eine feinstoffliche Energie im menschlichen Körper verstanden werden. Shen, auch als himmlisches Chi bezeichnet, befindet sich im oberen Tant'ien. Das ist der Ort des »dritten Auges«, zwischen den Augenbrauen, das sechste Chakra. Dieses Energiezentrum befindet sich im Gehirn, im Bereich der Hypophyse. Hier ist die Energie gebündelt, die es dem Menschen ermöglicht, klar zu denken und bewusst zu handeln. Somit verleiht

Wird Ihr Atem während einer Übung plötzlich schneller, machen Sie zwischendurch einige andere Entspannungsübungen, um den Atem wieder zu normalisieren.

> *Dreißig Speichen treffen die Nabe,*
> *die Leere dazwischen macht das Rad.*
> *Lehm formt der Töpfer zu Gefäßen,*
> *die Leere darinnen macht das Gefäß.*
> *Fenster und Türen bricht man in Mauern,*
> *die Leere damitten macht die Behausung.*
> *Das Sichtbare bildet die Form eines Werkes.*
> *Das Nicht-Sichtbare macht seinen Wert aus.*
>
> Lao Tse

Shen geistige Klarheit und eine gute Intuition. Wenn dieser Bereich mit Energie gefüllt ist, dann handeln wir klar und entschlossen und spüren, dass wir uns auf unsere Intuition verlassen und dementsprechend handeln können. Die geistige Essenz Shen spiegelt sich im Wachbewusstsein im Strahlen unserer Augen wider.

Taoistische Mediziner gehen davon aus, dass Shen von Natur aus im Organismus produziert wird. Aufgrund der hohen Belastung im täglichen Leben reicht dies jedoch nicht aus, um den Menschen mit so viel Shen zu versorgen, dass ein ausgewogenes Maß erreicht wird und ein ausgeglichenes Leben gesichert ist.

Ein Mensch, der an einer Shen-Störung leidet, reagiert meist zögerlich, er ist vergesslich und langsam, auch kann er sich nur schwer entscheiden. Sein Denken scheint unklar, und der Blick wird trüb.

Mehr Ausgeglichenheit durch gezielte Shen-Übungen

Weiterhin sind Taoisten davon überzeugt, dass sich die geistige Essenz Shen durch gezielte Übungen vermehren lässt. Eine der grundlegendsten Praktiken besteht darin, das vorhandene Shen zu bewahren und gleichzeitig für eine Umwandlung dieser Energie zu sorgen, die notwendig für die Transformation feinerer Energien ist. Diese feineren Energien wiederum werden für eine größere Bewusstheit benötigt.

Inwieweit dies gelingt, hängt ganz davon ab, ob der Übende eine Verbindung mit den beiden unteren Tan-t'ien aufrechterhalten kann. Zu vergleichen ist diese Verbindung mit den sieben Chakras (Energiezentren) im Yoga. Je fließender die Verbindung zwischen den einzelnen Chakras ist, desto mehr befindet sich der Mensch im Gleichgewicht.

Beruhigung des Geistes

Gelingt es, die Energien und Lebenskraft in das obere Zentrum zu bringen, in dem sie umgewandelt werden können, schwingen auch Seele und Geist ruhig und harmonisch. Wie groß der Einfluss ist, den die geistige Tätigkeit auf den Gesamtorganismus ausübt, weiß wohl jeder Mensch aus eigener Erfahrung. Sind wir ausgeglichen und fühlen wir uns wohl, ist der Strom der Gedanken längst nicht so chaotisch wie in Zeiten der Unruhe, Krisen und schwierigen Lebenssituationen.

Östliche Traditionen und spirituelle Schulen sehen in unserem unruhigen Geist auch die Wurzel vieler (wenn nicht sogar aller) Probleme. Deshalb zielen viele ihrer Praktiken darauf ab, den Geist zu beruhigen. Wie schon erwähnt, wird im Buddhismus der Geist häufig mit einem Affen verglichen, der von Ast zu Ast springt. So geht es uns auch mit unserem Geist: Ein Gedanke folgt rastlos dem nächsten.

Unser aktiver Geist beeinflusst aber nicht nur unser Handeln, sondern auch unseren Organismus. Jeder weiß auch dies aus eigener Erfahrung zu berichten: Machen wir uns Sorgen, reagiert unser Organismus z. B. mit Magenschmerzen oder Nervosität.

Shen ist die Bewusstheit, die aus unseren Augen strahlt, wenn wir wahrhaft wach sind.

Wie die Speichen eines Rads, so sind auch die Gedanken in ständiger Bewegung. Erst wenn es gelingt, den chaotischen Strom der Gedanken zu lenken, ist das Hier und Jetzt allgegenwärtig.

> *Die tiefe Ruhe dauert.*
> *Sie ist die Mutter alles Todlosen.*
> *Auf ihrer Bewegung beruht die Werdung*
> *des Himmels und der Erde.*
> *Die tiefe Ruhe ist Bewegung in sich selbst.*
>
> Lao Tse, »Tao Te King«

Beruhigt sich also unser Geist, wird sich auch der Organismus und unser Körper entspannen. Dadurch wird der – häufig unnötige – Energieverbrauch gesenkt, und der Vorrat an positiven Energien steigt. Folglich kann auch mehr Chi angesammelt werden.

Wenn ein bestimmter, konstanter Pegel an Chi erreicht wird und der Organismus eine gewisse Stabilität erreicht hat, kann zusätzliches Chi in Shen umgewandelt werden. Dieser Zuwachs wirkt sich nicht nur wohltuend auf den Organismus, sondern auch auf unsere geistige, spirituelle Entwicklung aus.

Das ist der höchste Weg, den jener geht, der seiner Sinne Tore fest verschließt, sein Herz beherrscht und durch den Geistes-Atem der wechselnden Gedanken Meister wird. (Bhagavad Gita)

Schlagen Sie Wurzeln

Belebung des Gehirns

Nehmen Sie auch bei dieser Übung wieder eine entspannte aufrechte Position ein. Die Füße sind hüftbreit nebeneinander aufgestellt und haben einen guten Kontakt zum Boden. Atmen Sie tief ein und aus, und stellen Sie sich auch hier wieder vor, wie von Ihren Fußsohlen aus Wurzeln in den Boden wachsen.

Nehmen Sie Ihren Atem wahr, ohne ihn zu verändern. Nehmen Sie nun so weit wie möglich Kontakt zu Ihrem Körper auf, und nehmen Sie Füße, Beine, Rumpf, Bauch, Oberkörper, Arme, Schultern, Hals und Kopf bewusst wahr.

Nach einigen Minuten bewusster Körperwahrnehmung lenken Sie Ihre Aufmerksamkeit auf das Energiezentrum unterhalb Ihres Nabels. Stellen Sie sich (wie bereits in der vorhergehenden Übung beschrieben) vor, wie sich beim Ein- und Ausatmen die Energiekugel immer wieder ausdehnt und zusammenzieht. Wenn Sie die Energiekugel ausreichend wahrnehmen können, beziehen Sie den Bereich des oberen Tan-t'ien zwischen den Augenbrauen mit ein. Stellen Sie sich dabei vor, wie die Energiekugel bis zu den Augen hochstrahlt und sich dieser ganze Bereich zunehmend entspannt.

Sollten Sie bemerken, dass Sie während der Übung mit Ihren Gedanken abschweifen, beginnen Sie von vorn. Gehen Sie zunächst zu der Energiekugel im unteren Tan-t'ien zurück, und nehmen Sie von dort aus wieder Verbindung mit dem oberen Bereich auf. Zum einen entspannt diese Übung den Kopf und die Augen, andererseits führt sie auch zur Beruhigung der Gedanken.

Die Taoisten und das Lächeln

Was viele Menschen aus westlichen Ländern besonders an den östlichen Religionen zu faszinieren scheint, sind die Anmut und das Lächeln, das sich in den Gesichtern der Buddha-Statuen und asiatischen Weisen widerspiegelt.

Ein honigsüßes Lächeln

Jeder Mensch weiß, wie erfrischend und wohltuend ein Lächeln ist, dem man auf der Straße oder in der U-Bahn begegnen kann. Auch ein Lächeln von Freunden, den Kindern oder des Partners kann uns manchmal aus einem Stimmungstief herausholen und uns erfreuen. Ein strahlendes Lächeln oder ein erfrischendes Lachen sind die beste Medizin, auf die wir im Alltag sooft wie möglich zurückgreifen sollten. Auch dies wussten und wissen taoistische und buddhistische Meditationsmeister. Deshalb beziehen sie dieses Wissen in ihre Übungspraxis mit ein.

Taoistische Weise gehen sogar davon aus, dass Organe beim Lächeln ein honigähnliches Sekret absondern, das den Körper ernährt und das ihm positive Energie zuführt. Sind wir hingegen zornig, aggressiv und schlecht gelaunt, kommt es zur Absonderung eines schädlichen Sekrets, welches sich – wie zu erwarten ist – negativ auf den Organismus auswirkt und das

Die wahren Menschen holen den Atem von den Fersen herauf;
die gewöhnlichen Menschen atmen nur mit der Kehle.
(Chuang-Tzu)

die Energieleitbahnen verstopfen kann. Es lässt uns natürlich auch bei weitem nicht so schön erscheinen wie mit einem strahlenden Lächeln, das von Herzen kommt.

Die Taoisten gehen davon aus, dass das »innere Lächeln« mit den Augen beginnt, da diese die meisten Signale aus der Außenwelt aufnehmen. Des Weiteren sind sie an das vegetative Nervensystem gekoppelt, dass die Drüsen- und Organfunktion reguliert. Die meisten Eindrücke nehmen wir über unsere Augen auf und strahlen deshalb sowohl unser Wohlbefinden als auch unser Unwohlsein über die Augen aus.

Wer häufig an der Lunge oder den Atemwegen erkrankt, ist vermutlich überwiegend traurig, leicht depressiv, melancholisch und voll Kummer. Das Immunsystem verliert seine Abwehrkraft und Reaktionsfreudigkeit.

Sich der Traurigkeit entledigen

Das innere Lächeln

Setzen Sie sich zu Beginn dieser Übung bequem hin, und schließen Sie die Augen. Sammeln Sie sich. Nehmen Sie Ihren Atem wahr, ohne ihn verändern zu wollen. Entspannen Sie sich, und konzentrieren Sie sich auf den Atem. Der Geist kommt dann schneller zur Ruhe. Stellen Sie sich nun vor, dass alle Schwere, alle Traurigkeit und alles Negative durch Ihre Füße in den Boden sinkt.

Wenn Sie sich leichter fühlen, richten Sie Ihre Aufmerksamkeit auf Ihren Kopf, und nehmen Sie Ihre Augen ganz bewusst wahr. Rollen Sie die Augen mehrmals in beide Richtungen, und lassen Sie sie dann wieder in die Höhlen sinken.

Wenn Sie das Gefühl haben, dass Ihre Augen und Ihr Körper entspannt sind, stellen Sie sich eine Person vor, die Sie mögen und die Sie dann anlächeln. In Ihrer Vorstellung lächelt diese Person nun Ihnen zu.

Nehmen Sie dieses Lächeln in sich auf. Sie werden spüren, wie sich Ihr Gesicht dabei mehr und mehr entspannt. Nehmen Sie nun bewusst mit jedem Ein- und Ausatmen das Lächeln dieser Person in sich auf. Halten Sie das Lächeln über mehrere Minuten.

Ein Lächeln kann man sich durchaus auch angewöhnen, und je häufiger Sie die Übung des inneren Lächelns machen, desto eher werden Sie sich daran erinnern zu lächeln. Sie werden sehen, wie dies Ihre Einstellung zum Leben verändern kann!

> *Ich atme ein und weiß, dass Wut mich hässlich macht.*
> *Ich atme aus und will nicht verzerrt werden durch Wut.*
> *Ich atme ein und weiß,*
> *dass ich mich um mich selbst kümmern muss.*
> *Ich atme aus und weiß,*
> *dass wohlwollende Güte die einzige Antwort ist.*
> Thich Nhat Hanh

Danken Sie Ihrem Körper

Bei der nächsten Übung geht es darum, ganz bewusst ein Lächeln an alle Organe und Glieder im Körper zu senden. Viel zu selten sind wir uns bewusst, was für ein Geschenk uns mit unserem Körper zuteil geworden ist. Und viel zu selten danken wir unserem Körper für all die Arbeit, die er für uns leistet.

Ein Lächeln für die Organe

Gehen Sie zuerst zu den Füßen. Lächeln Sie dem rechten Fuß zu. Verweilen Sie 3 Atemzüge lang bei diesem Fuß, und lächeln Sie ihm weiter zu. Gehen Sie dann höher zur Wade, und lächeln Sie der Wade zu. Gehen Sie weiter zum Knie, und schicken Sie ihm mit einem Lächeln ein kleines Dankeschön. Wie viel hält dieses Kniegelenk für uns aus!

Dann geht es weiter zum Oberschenkel. Auch dieser wird sich über ein Lächeln freuen, denn er bringt die Kraft zum Laufen, Radfahren, Joggen und Rennen auf und sorgt dafür, dass wir uns in der Welt bewegen können. Widmen Sie sich ebenso dem linken Bein.

Danach schicken Sie ein Lächeln zum Beckenboden und zum Geschlecht. Mit einem Lächeln können Sie auch diesem Teil des Körpers dafür danken, dass Sie lebendige Sexualität erfahren und Wohlempfinden verspüren. Gehen Sie nun in Gedanken im Körper weiter zum Bauch, zum Brustraum und zu den Armen. Auch hier können Sie mehrere Atemzüge verweilen und sich bewusst werden, was diese Teile des Körpers alles für Sie tun und wie hilflos Sie ohne sie wären.

Für die Chinesen symbolisieren die Organe Funktionskreise, also ganze Komplexe und keine begrenzten körperlichen Einheiten. Jedes Organ steht dabei für bestimmte vegetative Grundprozesse sowie für einen Funktionstrakt, der diesem Ablauf dient.

Mit einem Lächeln negative Emotionen bekämpfen

Die Übung des Lächelns können wir nicht nur in der Vorstellung zu einem Menschen machen, den wir besonders gerne mögen oder lieben, sondern auch zu einem Menschen in unserem Umfeld (oder auch aus unserer Vergangenheit), mit dem wir ein schwieriges oder angespanntes, ja manchmal sogar ein feindliches Verhältnis haben.

Es ist sogar ratsam, gerade zu einem solchen Menschen diese Übung zu vollziehen. Oftmals haben wir über Menschen, mit denen wir im Streit liegen oder Probleme haben, negative Gedanken, die – nach dem Gesetz von Ursache und Wirkung – irgendwann wieder auf uns selbst zurückfallen werden.

Es gibt die Theorie, dass sich negative Gedanken über einen anderen Menschen irgendwann in unserem eigenen Körper als Schmerzen manifestieren. Da wir häufig – bewusst oder unbewusst – damit beschäftigt sind, andere Menschen zu bewerten und zu verurteilen, kann sich im Lauf der Zeit einiges ansammeln, das später als körperliches Leiden zum Ausdruck kommt.

> Das Lächeln, die Freude, ist der psychische Faktor, der das Herz beeinflusst. Es beherbergt Bewusstsein und Geist. Nur wenn das Herz gesund ist, ist der Geist entspannt und lässt uns ruhig schlafen und uns konzentrieren.

Stellen Sie sich Ihren Feinden

In den östlichen Weisheitssystemen geht es um einen bewussten Umgang mit den Gedanken und durch Übung, Achtsamkeit für das, was wir denken, zu erzielen. Grundlage ist das Gesetz von Ursache und Wirkung. Darum ist es sinnvoll, dass wir uns den Menschen, mit denen wir Schwierigkeiten haben, stellen und dass wir ihnen mit dem Herzen begegnen, anstatt sie abzulehnen und zu verurteilen. Dafür eignet sich die Übung des Lächelns besonders gut.

Ein Lächeln für unsere Gegner

Schließen Sie die Augen, und atmen Sie einige Male tief ein und aus. Versuchen Sie, so weit wie möglich mit sich selbst Kontakt aufzunehmen. Konzentrieren Sie sich auf den Atem, ohne ihn manipulieren zu wollen. Nehmen Sie ihn einfach »nur« wahr.

Nachdem Sie zur Ruhe gekommen sind, versuchen Sie, mit Ihrer eigenen Herzensgüte in Kontakt zu kommen. Stellen Sie sich dabei vor, wie sich von Ihrem Herzen aus ein Gefühl der Wärme und Liebe in Ihrem Körper ausbreitet.

Rufen Sie sich den Menschen vor Ihr inneres Auge, mit dem Sie momentan Probleme haben. Atmen Sie dabei weiter bewusst ein und aus. Stellen Sie sich vor, wie dieser Mensch langsam auf Sie zukommt, bis er eine Entfernung erreicht hat, die für Sie noch angenehm ist. Schauen Sie ihn an, und versuchen Sie, ihn als Menschen und nicht als Ihren Feind wahrzunehmen. Er oder sie ist genauso verletzlich wie Sie selbst und leidet wahrscheinlich genauso unter der Spannung, die zwischen Ihnen herrscht. Stellen Sie sich nun weiter vor, dass Sie diesem Menschen begegnen und ihn mit der Herzenswärme, die Sie in Ihrem eigenen Körper spüren, anlächeln. Wenn Gedanken und Urteile über diesen Menschen auftauchen, lassen Sie sie vorüber ziehen. Schenken Sie ihm ein Lächeln, das von Herzen kommt.

Den Ursachen auf den Grund gehen

Die Übung, einem Feind zuzulächeln, wird Ihnen sicher nicht so leicht fallen, wie die Vorstellung, einem Freund zuzulächeln. Sie kann jedoch sehr effektiv sein. Sollte sie Ihnen sehr schwer fallen, überlegen Sie doch einmal, was Sie so sehr an diesem Menschen stört.

Die moderne Psychologie weiß, dass die Eigenheit, die uns an einem anderen Menschen am meisten stört, eine Eigenart ist, die wir selbst besitzen und die wir nicht wahrhaben wollen. Fragen Sie sich, ob dies bei Ihnen vielleicht auch der Fall sein kann.

Wenn Sie zornig oder verängstigt sind, verändert sich Ihre Körperhaltung, und Sie verkrampfen sich. Dies geht häufig mit inneren Verspannungen einher. Dadurch wird der Energiefluss blockiert. Atemübungen, eine positive Einstellung und das Lächeln können die Verspannungen lösen.

Der Mensch muss 65 Muskeln bewegen,
um ein griesgrämiges Gesicht zu machen,
aber nur 13 Muskeln,
um zu lächeln.
Warum strapazierst du dich also unnötigerweise?

Alte Weisheit

Stimme und Atem

Beim richtigen Umgang mit dem Atem kann auch das Stimmpotenzial voll ausgeschöpft werden. Die Stimme wird hell und klar.

Während so genannte unzivilisierte oder primitive Völker viel mehr in Verbindung mit ihrem Körper und der Natur leben, ist den Menschen aus den Industrieländern dieses Gefühl weitgehend verloren gegangen. Viele Menschen empfinden sich selbst nicht nur von der Natur oder ihrer Umwelt getrennt, sie sind auch häufig nicht in der Lage, sich selbst richtig wahrzunehmen.

Wenn wir uns mit dem Atem beschäftigen, kommen wir in Kontakt mit inneren Räumen und vielleicht auch mit inneren Grenzen und Blockaden. Wir erkennen, wo wir blockiert und verspannt sind, und bemühen uns im Üben, eben diese Verspannungen und Blockaden zu lösen. Die Blockaden kommen durch Verletzungen zustande, die wir irgendwann in unserem Leben erfahren haben. Mit dem Atem haben wir die Möglichkeit, sie zu lösen.

Körper- und Stimmräume öffnen

Indem wir unsere individuellen Blockaden und Grenzen kennen lernen, können sich unsere inneren Räume für den Atem öffnen. Dann sind es keine dunklen Räume mehr, die uns Angst machen, sondern es werden mit Licht gefüllte Schatzkammern, in denen jede Zelle erfüllt wird mit Leben.

Wenn sich diese Wandlung vollzieht, können die inneren Räume auch anfangen zu schwingen. Sie nehmen den Atem auf und tragen ihn bis in die letzten Winkel unseres Körpers hinein.

Sobald sich die inneren Räume verändern, werden wir feststellen, wie sich auch unsere Stimme verändert. Wir sprechen nicht mehr schnell und oberflächlich oder flüsternd, wie es viele Menschen häufig tun. Wenn wir anfangen, die inneren Räume zu erfahren, können wir aus der Tiefe unseres Herzens sprechen und damit letztendlich auch aus unserem tiefsten Inneren.

Eine falsche Atemtechnik macht es ungeübten Sprechern, die vor einer großen Gruppe sprechen müssen, oft unmöglich, ihren Vortrag deutlich artikuliert und laut zu halten.

> *Wenn wir lieben,*
> *sind wir im Schoße des Augenblicks.*
> *Wenn wir im Rhythmus des Mutter-Atems atmen,*
> *sind wir selbst die Gegenwart des Schoßes des Augenblicks.*
> Reshad Feild

Unser Körper ist der Resonanzboden für unsere Stimme. Nur ein Körper, der innerlich schwingt und genügend Raum hat, kann auch eine volle Stimme entwickeln.

Da unser Körper nicht im luftleeren Raum schwebt, sondern mit der Erde verbunden ist, ist er auch der Schwerkraft ausgesetzt. Und so helfen uns die Erde und der Boden immer wieder ganz konkret, uns in die Welt zu stellen. Die folgenden Übungen unterstützen Sie dabei.

Übungen zu Atem und Stimme

Erdungsübung

Stehen Sie aufrecht – am besten ohne Schuhe –, die Füße parallel und hüftbreit auseinander. Stellen Sie sich vor, dass aus Ihren Füßen Wurzeln tief in den Boden wachsen. Atmen Sie in der Vorstellung durch die Füße ein und aus. Sie atmen Licht und Kraft ein und Schwere und Dunkelheit aus. Diese Übung lässt sich überall – dann natürlich mit Schuhen – durchführen: an der Bushaltestelle, in der Warteschlange an der Kasse im Supermarkt oder bei Rot an der Kreuzung. Je geerdeter Sie sind, desto weniger geraten Sie aus dem Gleichgewicht, aus der Fassung. Im Anschluss an diese Übung bietet sich die Beckenschaukel an.

Die Beckenschaukel

Diese Übung dient dazu, Blockaden im Becken zu lösen. Stehen Sie wie bei der vorherigen Übung. Geben Sie in den Knien ein wenig nach. Atmen Sie ein, wenn Sie mit dem Becken zurückgehen, und atmen Sie aus, wenn Sie vorgehen. Wenn diese Bewegung leicht und flüssig wird, verbinden Sie die Ausatmung mit einem Laut.

Es gibt eine Reihe von Atemübungen, die Ihnen dabei helfen, Sprechblockaden zu überwinden. Diese äußern sich häufig in zu leisem Sprechen, in einer rauen, spröden oder zu hohen Stimme sowie in Stottern oder Lispeln.

83

Beginnen Sie die Übungen mit dem Tönen und Bewegen entweder im Stehen oder aufgerichtet im Sitzen. Die Einatmung wird immer unterstützt, wenn Sie die Arme heben, nach oben oder auch zur Seite.

Atmen Sie aus, und artikulieren Sie dabei beispielsweise den Laut »Fuuuu« so, als würde bei einem Luftballon die Luft herausgelassen, ganz sanft und weich. Wenn Sie das einige Male geübt haben, machen Sie eine kleine Pause.

Der zweite Teil der Übung besteht darin, dass Sie wie im ersten Teil beim Zurückgehen einatmen und die Ausatmungsbewegung jetzt mit einem kraftvollen explosiven Laut begleiten: »Who!« (ein offenes O wie in »offen«). Stellen Sie sich dabei vor, dass der Ton vom Bauchnabel kommt. Stellen Sie sich Becken und Beine wie einen leeren Raum vor, in den Sie die Töne hineinfallen lassen. Auch die nächste Übung ist mit einer blasenden Ausatmung durch den Mund verbunden.

Wir können die Ausatmung unterstützen bzw. verlängern durch stimmloses Ausatmen durch den Mund, das aber mit einem Geräusch (z. B. wie ein Blasen oder Pfeifen) verbunden ist.

Auf Laute ausatmen

Leichte Vorbeuge mit blasendem Ausatem

Stellen Sie sich wieder entspannt aufrecht hin, die Füße stehen hüftbreit auseinander und parallel nebeneinander auf dem Boden. Atmen Sie aus, damit Sie sich im Stehen besser entspannen können. Mit einer Einatmung heben Sie beide Arme über vorn nach oben (Schultern unten lassen!).

Atmen Sie blasend auf den Laut »chüüüü« (ch wie in »weich«) aus, und beugen Sie dabei den Rumpf leicht nach vorn. Die Knie halten Sie etwas gebeugt, die Hände legen Sie beim Ausatmen locker auf die Oberschenkel. Machen Sie auf diese Weise 4 bis 6 Atemzüge.

Kontaktaufnahme über die Stimme

Und nun einige Übungen, mit denen Sie über das Tönen in Kontakt mit Ihrem Atem kommen. Wenn wir tönen, also unsere Stimme benutzen, geben wir dem Zwerchfell viel Bewegungsspielraum.

Haben Sie keine Angst vor Ihrer eigenen Stimme. Tönen Sie also möglichst kraftvoll, ohne sich jedoch zu überanstrengen. Die folgenden Übungen können Sie im Stehen, aber auch aufrecht sitzend auf einem Stuhl oder Hocker ausführen.

Atmen mit den Armen und »Aaaa«

Bei dieser Übung heben Sie im Einatmen beide Arme über vorn nach oben. Den Ausatem verbinden Sie mit einem »Aaaaa« und senken dabei die Arme langsam wieder. Achten Sie darauf, dass der Atem bzw. das Tönen und die Bewegung etwa gleich lang sind. Machen Sie auf diese Weise 4 bis 6 Atemzüge.

Variante: Tonhöhe

Atmen Sie abwechselnd mit den Armen. Jeder Arm begleitet einen Atemzug, also im Ausatmen ein »Aaaa«. Der linke Arm beginnt. Tönen Sie das »Aaaa« so tief wie möglich. Anschließend folgt der rechte Arm. Tönen Sie hier hingegen das »Aaaa« so hoch wie möglich. Führen Sie die Übung auf diese Weise – also abwechselnd mit dem rechten und dem linken Arm – etwa 4-mal aus. Anschließend folgen 4 Wiederholungen, denen der rechte Arm das tiefe »Aaaa« und der linke das hohe begleitet.

Beenden Sie die Übung mit ein paar entspannten Beugen nach vorn: Einatmend heben Sie die Arme über die Seite nach oben. Ausatmend beugen Sie sich nach vorn und unten, dabei gehen die Arme möglichst entspannt auf den Rücken.

Die Stimme ist ein Spiegel des Menschen. Wenn wir mit jemandem telefonieren, den wir noch nicht kennen, machen wir uns über seine Stimme ein Bild über sein Wesen.

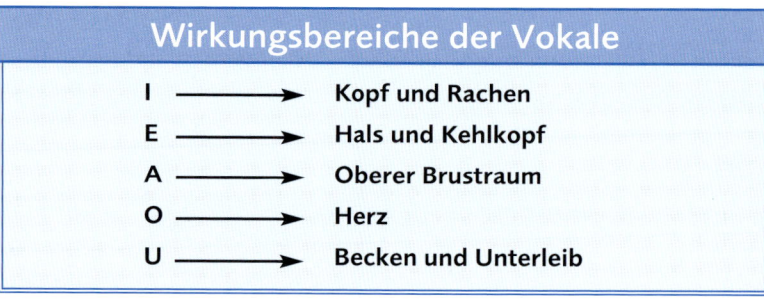

Atmen mit den Armen und »Iiii«

Mit einer Einatmung heben Sie beide Arme seitlich in Schulterhöhe. Ausatmend tönen Sie »Iiii« und führen dabei die Arme zur Körpermitte vor die Brust, bis sie parallel sind; führen Sie also nicht die Hände zusammen. Einatmend gehen Sie wieder mit den Armen nach außen. Führen Sie auf diese Weise etwa 4 bis 6 Atemzüge aus.

Vorbeuge mit »Uuuu«

Bei dieser Übung bewegen Sie beim Einatmen beide Arme über vorn nach oben. Ausatmend tönen Sie »Uuuu« und beugen sich dabei leicht nach vorn. Die Hände liegen während der Übung locker auf den Oberschenkeln. Machen Sie etwa 4 bis 6 Atemzüge.

Katze mit »Uuuu«

Nehmen Sie die Ausgangsstellung der Übung »Die Katze« ein (siehe Seite 44), d. h., Sie stehen im Vierfüßlerstand. Einatmend streckt sich der Rücken, Sie schauen nach vorn.
Wenn Sie ausatmend den Bauch in Richtung Wirbelsäule ziehen, tönen Sie ein »Uuuu«, und zwar möglichst hoch. Der Po zieht sich dabei ein wenig nach hinten, der untere Rücken wölbt sich nach oben.

Übung im Liegen mit »Maaa«

Die nächste Übung führen Sie auf dem Rücken liegend mit einem kleinen Kissen unter dem Kopf aus. Die Beine sind gebeugt und die Knie angezogen. Jede Hand fasst ein Knie. Beim Einatmen entfernen sich die Ober-

Das Tönen verlängert die Ausatmung, weil sie gebremst (durch Kehlkopf und Stimmritze) strömt. Je gründlicher, d. h. länger wir ausatmen, umso besser kann sich die Lunge leeren und ist bereit, frischen Sauerstoff aufzunehmen.

schenkel ein wenig vom Körper, beim Ausatmen tönen Sie »Maaa«; dabei kommen die Beine wieder etwas näher. Wiederholen Sie die Übung etwa 4 bis 6 Atemzüge lang.

Atmung im Liegen mit »Ha«

Sie liegen möglichst entspannt auf dem Rücken, ein Bein ist ausgestreckt. Das andere Bein ist gebeugt, der Fuß aufgestellt. Die Arme liegen locker neben dem Körper. Atmen Sie ein. Mit einem kräftigen »Ha« (kurz wie in »Affe«) ziehen Sie das gebeugte Bein schnell zu sich heran und heben dabei den Kopf und den Oberkörper. Einatmend führen Sie Fuß und Kopf wieder zum Boden.

Entspannen Sie mal wieder

Die folgende Übung bietet sich an, wenn Sie zwischendurch einmal wieder entspannen möchten. Sie können die Übung überall und jederzeit durchführen. Setzen Sie sich aufrecht hin – geeignet sind ein Stuhl oder Sofa, ein U-Bahn-Sitz oder eine Parkbank –, und stellen Sie die Füße parallel nebeneinander auf. Nehmen Sie den Boden wahr.

Atmen Sie entspannt einige Male durch die Nase ein und aus, und stellen Sie sich dabei vor, wie frischer Sauerstoff durch Ihren ganzen Körper strömt. Stellen Sie sich vor, wie Sie mit dem ganzen Körper atmen, so wie Sie es schon im Liegen geübt haben (siehe Seite 23).

> *... erlaubt dem Engel der Luft,*
> *euren ganzen Körper zu umarmen.*
> *Dann atmet lang und tief.*
> *Wahrlich, ich sage euch,*
> *der Engel der Luft wird alle Unreinheiten*
> *aus eurem Körper ausscheiden ...*
>
> *Alles muss durch die Luft*
> *wiedergeboren werden.*
>
> Friedensevangelium der Essener

Mut zur Stimme: Der Kehlkopfbereich ist die schmalste Stelle im Körper. Er verbindet den Brustraum, in dem man symbolisch die Emotionen ansiedelt, mit dem Kopf, dem Sitz des Verstandes. Es gehört schon Mut dazu, diese Verbindung voll auszuschöpfen und ein Gleichgewicht herzustellen.

Oftmals spüren wir unseren Körper erst, wenn wir verspannt sind, krank werden oder durch einen Unfall daran erinnert werden, dass es noch mehr gibt als unseren Geist, unsere Gedanken und Phantasien.

Je mehr wir jedoch mit unserem Körper in Einklang sind, desto mehr wird er es uns danken und desto vitaler und stabiler werden wir auch unser Leben meistern.

Darum ist es empfehlenswert, die Harmonie zwischen Körper und Geist herzustellen, bevor es zu spät ist. In westlichen Kulturen wird leider erst dann nach einer Möglichkeit zur Heilung gesucht, wenn der Mensch bereits krank geworden ist – ganz im Gegensatz zu dem alten Motto »Vorbeugen ist besser als heilen«.

Du atmest ein, was du brauchst, damit du in die Welt ausatmen kannst. (Reshad Feild)

Reinigungsübung

Eine wirksame Übung, um in Kontakt mit den verschiedenen Körperregionen und Organen zu kommen, ist es, sich vorzustellen, dass diese durch einen Wasserfall mit sprudelndem Quellwassser gereinigt werden. Sie können die Übung mit allen Körperpartien und Organen machen. Wichtig ist, dass Sie die Übung nicht nur mit einem Arm (bzw. Bein, Schulter, Fuß) tun, sondern nacheinander beide Seiten beteiligen, um einen Ausgleich zu schaffen und die Harmonie des Körpers nicht zu stören.

Ausreichende Entspannungsphasen sind außerordentlich wichtig, um die Anspannungen eines Tages auszugleichen. Unter Entspannung ist allerdings kein völliges Nichtstun, sondern das Umschalten auf andersartige Aktivitäten im Sinn einer aktiven Erholung gemeint.

Die Wasserquelle

Legen Sie sich möglichst entspannt auf den Rücken, vielleicht mit einem Kissen unter dem Kopf oder mit einer gerollten Decke unter den Knien. Mit jeder Ausatmung geben Sie Ihr Gewicht dem Boden, so dass er sie tragen kann.

Stellen Sie sich nun Ihre rechte Schulter als einen leeren Raum vor. Beim Einatmen füllt er sich mit frischem Quellwasser, wird er durchspült und gereinigt. Machen Sie auf diese Weise einige Atemzüge, und stellen Sie sich immer wieder dabei vor, wie frisches, klares Quellwasser all die alten, verbrauchten Schlacken aus Ihrem Körper spült. Vergleichen Sie nun die rechte mit der linken Schulter. Spüren Sie einen Unterschied? Nach einer kleinen Pause wechseln Sie die Seite: Nun ist die linke Schulter dran.

Diese Übung können Sie natürlich auch mit jedem anderen Körperteil durchführen. Stellen Sie sich dabei immer das entsprechende Organ oder die Körperregion als einen leeren Raum vor. Und dieser Raum wird mit jedem Atemzug von frischem Quellwasser durchspült und gereinigt.

Atemübungen im Büro

Im einleitenden Teil haben Sie gelesen, dass gerade das Gehirn viel Sauerstoff benötigt. Müdigkeit und Unkonzentriertheit sind ein sicheres Anzeichen dafür, dass Ihr Gehirn nach Sauerstoff verlangt.

Für die folgende Übung öffnen Sie zuerst das Fenster, damit die Zufuhr von frischem Sauerstoff auch wirklich gewährleistet ist und damit die verbrauchte Luft ausströmen kann. Setzen Sie sich auf Ihrem Bürostuhl so weit nach vorn, dass die Füße mit der ganzen Sohle auf dem Boden stehen und die Knie einen rechten Winkel bilden. Achten Sie darauf, dass Sie Ihre Kiefer lockern und die Zähne nicht zusammenbeißen.

Verschränken Sie nun die Hände im Nacken, und versuchen Sie, den ganzen Rücken aufzurichten. Atmen Sie tief durch die Nase ein. Beim Ausatmen rundet sich der Rücken, während die Ellenbogen und der Kopf langsam nach vorn sinken. Beim Einatmen richten Sie sich wieder langsam Wirbel für Wirbel auf.

Wenn Sie diese Übung einige Male wiederholen, können Sie vermutlich deutlich spüren, wie der Kopf allmählich klarer wird und sich Verspannungen lösen.

Atmen mit dem Nacken

Wenn Sie tagsüber viel sitzen müssen, noch dazu am Bildschirm arbeiten, werden Sie sicher häufig unter Nackenbeschwerden leiden. Sie fühlen sich in dieser Region der Wirbelsäule verspannt, steif, unbeweglich. Vielleicht leiden Sie sogar an Kopfschmerzen, die durch diese Verspannungen ausgelöst werden. Die folgende Übung kann Ihnen helfen, die Verspannungen zu lösen.

Gerade bei der Arbeit, die man mit Lust und Liebe tut, sollte man hin und wieder eine Pause einlegen, auch wenn es einem nicht so recht passen will. Andernfalls holt sich der Körper seine Ruhepausen, die er benötigt, auf andere Weise.

Nackenübung

Sie sitzen aufrecht auf der vorderen Kante Ihres Stuhls. Atmen Sie ein. Beim Ausatmen dreht sich der Kopf langsam nach links, beim Einatmen wieder zur Mitte. In der nächsten Ausatmung dreht er sich nach rechts, einatmend wieder zur Mitte. Bleiben Sie bei dieser Übung locker. Sie müssen eigentlich gar nichts tun: Der Atem löst die Bewegung aus. Sie lassen sich also vom Atem bewegen.

Gähnübung

Wie bereits erwähnt, ist das Gähnen ein Reflex unseres Organismus im Bedürfnis nach mehr Sauerstoff. Da es sich aber »nicht schickt« einfach loszugähnen, wenn uns danach ist, haben wir das Gähnen vielleicht verlernt. Da es jedoch die tiefste, gründlichste Form des Atmens ist, lohnt es sich, das Gähnen wieder neu zu erlernen.

Dehnen und räkeln Sie sich, und stellen Sie sich vor, eine riesige Luftkugel im Mund zu haben. Lassen Sie den Gähnreflex zu! Statt der Luftkugel können Sie sich auch einen Regenschirm vorstellen, den Sie im geschlossenen Mund aufspannen.

Atemmudra

Dies ist eine Übung, die Sie wirklich überall durchführen können. Die einzige Voraussetzung ist, dass Sie gerade nichts mit Ihren Händen zu tun haben. Sie brauchen weder einen ruhigen Platz noch bequeme Kleidung, noch müssen Sie aufrecht sitzen, noch müssen Sie Ihren Geist, Ihre Gedanken »an die Leine nehmen«. Sie können diese Übung also immer dann tun, wenn Ihre Finger gerade nicht aktiv sind – und das ist öfter, als Sie vielleicht annehmen. Sie können das Atemmudra während eines Gesprächs machen, während Sie lesen oder fernsehen.

Dass sich diese simple Fingerhaltung tatsächlich auf den Atem auswirkt, müssen Sie noch nicht einmal glauben – sie wirkt trotzdem. Sie haben im Alltag viel Gelegenheit, mit ihr zu experimentieren – beispielsweise immer dann, wenn Sie sich unruhig fühlen, wenn Sie nervös sind, wenn Sie Angst haben, sich unter Druck oder im Stress fühlen, wenn Ihnen schwindlig oder übel ist. Hier ist Ihre Medizin.

Gemütsbewegungen, wie innere Unruhe, Angst und Aggression, beeinflussen sehr direkt den Atemprozess, seinen Ablauf, die Tiefe, die Zeit des Ein- und Ausatmens und das Atemanhalten.

Bei Ihrer rechten Hand berühren sich die Daumen, Zeige- und Mittelfingerkuppen, so als wollten Sie eine Prise Salz nehmen. Bei Ihrer linken Hand berühren sich Daumen, Mittel- und Ringfingerkuppen.

Die Finger sollen keinen Druck gegeneinander ausüben, sie liegen ganz locker beieinander. Lassen Sie die Hände locker auf den Oberschenkeln ruhen, damit die Schultern sich entspannen.

Halten Sie dieses Mudra etwa 5 Minuten lang. Vielleicht können Sie schon während des Haltens spüren, wie sich der Atem verändert, wie er länger und ruhiger wird.

Übung für eine wohlklingende Stimme

Suchen Sie sich einen schönen Platz, und setzen Sie sich in etwa 30 bis 40 Zentimeter Entfernung vor eine Kerze. Atmen Sie tief ein, und tönen Sie ein langgezogenes, volles »Aaaaaaaaaaaa«. Dabei sollte der Luftstrom so gering sein, dass sich die Flamme der Kerze nicht bewegt. Achten Sie während der Übung auf Ihren Solarplexus.

Wenn Sie die Übung regelmäßig durchführen, wird sich der A-Ton mit der Zeit immer voller anhören und an Volumen zunehmen, ohne dass sich die Flamme bei der Übung bewegt.

Außer dem Atemmudra gibt es noch eine Reihe von Mudras, die jeweils verschiedenen Chakras – den Energiezentren im Körper – zugeordnet sind. Die Mudras entspannen und aktivieren den Fluss der Energien.

Wenn Sie es schaffen, dass sich die Flammen bei der Stimmübung nicht bewegen, sind Sie ein gutes Stück auf dem Weg zur Harmonie mit Ihrem Atem vorangekommen!

Literaturempfehlungen

Tao, Chi und chinesische Heilkunde

Lewis, Dennis: Das Tao des Atems. Ariston Verlag. München 1997

Piontek, Maitreyi D.: Das Tao der weiblichen Sexualität. O.W. Barth Verlag. München 1998

Scheithauer, Falk/Friedrich, Andreas W/Rehle, Eva: Die Lebensenergie stärken mit Qi Gong. Südwest Verlag. 2. Auflage, München 2000

Yoga und Entspannung

Desikachar, T.K.V.: Tradition und Erfahrung. Via Nova Verlag. Petersberg 1991

Franklin, Eric: Locker sein macht stark. Wie wir durch Vorstellungskraft beweglich werden. Kösel Verlag. München 1998

Röcker, Anna Elisabeth: Übungseinheiten Yoga. Südwest Verlag. 3. Auflage, München 1998

Röcker, Anna Elisabeth: Yoga – Der Weg zu innerer Harmonie und Gesundheit. Südwest Verlag. München 1997

Tatzky, Boris: Theorie und Praxis des Hatha-Yoga. Via Nova Verlag. Petersberg 1998

Aufmerksamkeit, Zen und Buddhismus

Kapleau, Philip: Die drei Pfeiler des Zen. O.W. Barth Verlag. 10. Auflage, München 1994

Kornfield, Jack: Frag den Buddha und geh den Weg des Herzens. Kösel Verlag. München 1993

Merzel, Dennis Genpo: Durchbruch zum Herzen des Zen. Diederichs Verlag. München 1991

Thich Nhat Hanh: Zeiten der Achtsamkeit. Herder Verlag. Freiburg 1996

Thich Nhat Hanh: Das Herz von Buddhas Lehre. Herder Verlag. Freiburg 1998

Thich Nhat Hanh: Ich pflanze ein Lächeln. Arkana Verlag. München 1991

Thich Nhat Hanh: Das Glück, einen Baum zu umarmen. Arkana Verlag. München 1997

Die nebenstehenden Literaturempfehlungen sollen eine kleine Anregung darstellen, wenn Sie mehr über asiatische Atem-, Entspannungs- und Meditationsübungen sowie über die verschiedenen Denkweisen und Heilmethoden des Ostens wissen wollen.

Über die Autorinnen

Doris Iding setzte sich in ihrem Studium der Ethnologie, Religionswissenschaften und Psychologie speziell mit Indianern, Schamanismus und bewusstseinsverändernden Techniken auseinander.

Dr. Birgit Petrick ist Yogalehrerin und leitet seit vielen Jahren ihre eigene Yogaschule. Der Schwerpunkt ihrer Arbeit liegt auf der Verbindung von Atem und Bewegung.

Danksagung

Frau Iding möchte ihrer Mutter für Ihre Unterstützung und ihren Zuspruch besonders in schweren Zeiten danken.

Adresse

Dr. Birgit Petrick, Yoga unterm Dach, Valleystraße 48, 81371 München, Tel. und Fax: 089/77 79 79

Hinweis

Das vorliegende Buch ist sorgfältig erarbeitet worden. Dennoch erfolgen alle Angaben ohne Gewähr. Weder Autorinnen noch Verlag können für eventuelle Nachteile oder Schäden, die aus den im Buch gemachten praktischen Hinweisen resultieren, eine Haftung übernehmen.

Bildnachweis

Iding Doris, München: 61; Image Bank, München: 1 (Chris M. Rogers), 75 (Pete Turner), 91 (Per Eriksson); Jump, Hamburg: 42, 84 (Kristiane Vey); Küstenmacher, Gröbenzell bei München: 2/o.; Premium, Düsseldorf: 5 (J. Jämsen), 6, 34, 54 (Orion Press), 28 (Dierkes), 50 (Raga), 62 (F. Lanting/Minden); Südwest Verlag, München: 3/u., 47 li., 47 re. (M. Nagy), 12 (Holzner u. Lengnick), 20 (N.N.), 25 (C. Rehm), U4 (Jump, Kristiane Vey); Tony Stone, München: U1 (N.N.), 16 (Laurence Monneret), 38 (N.N.), 70 (N.N.), 82 (Stephen Studd)

Impressum

© 2000 Südwest Verlag, München, in der Econ Ullstein List Verlag GmbH & Co. KG, München

2. Auflage 2000

Redaktion:
Dr. Ulrike Kretschmer, Christine Seidel
Projektleitung:
Dr. Ulrike Kretschmer
Redaktionsleitung und medizinische Fachberatung:
Dr. med. Christiane Lentz
Bildredaktion:
Tanja Nerger
Produktion:
Manfred Metzger (Leitung); Annette Aatz;
Dr. Erika Weigele-Ismael
Umschlag:
Heinz Kraxenberger, München; Till Eiden
DTP/Satz:
Veronika Moga
Druck:
Peschke Druck, München
Bindung:
R. Oldenbourg, München

Printed in Germany

Gedruckt auf chlor- und säurearmem Papier

ISBN 3-517-06162-X

Register

Südwest Verlag 1999
96 Seiten, durchgehend
vierfarbig, Broschur
ISBN 3-517-06047-X

Südwest Verlag 1999
96 Seiten, durchgehend
vierfarbig, Broschur
ISBN 3-517-01762-0

Südwest Verlag 1999
96 Seiten, durchgehend
vierfarbig, Broschur
ISBN 3-517-07808-5